シリーズ〈古代史の探求〉⑩

地名が解き明かす古代日本

錯覚された北海道・東北

合田洋一 著

ミネルヴァ書房

日本中央の碑（東北町蔵）

おしらさま（個人蔵，八戸市博物館提供）

蕨手刀（史跡丹後平古墳出土／八戸市博物館蔵）

夏泊半島より下北
半島を望む

三途の川・太鼓橋・
宇曽利山湖

恐山「無間地獄」

仏ヶ浦（下北半島西岸）

仏ヶ浦より北海道渡島半島（松前半島）を望む

緒言

古田武彦

一

待望の一書である。

青年時代以来、著者の合田氏が一貫して注目し、諸説を調査し、独自の創見を求めつづけた、その白眉ともいうべきもの、その結晶が本書である。この壮挙の成立を喜びたい。

著者は北海道の江差に生れた。そして生涯の拠点を愛媛県の松山に定め、瀬戸内海の一端から日本列島の全体をうかがう視点に立脚した。それは、屈強の「研究の磁場」であった。なぜなら、この狭い列島は、東西南北、大陸や太洋の各領域から〝集《つど》いきたり〟流入した人々の「合流の場」となっていたからである。その痕跡は「地名」である。各時代、各地域の人々は、それぞれの言語をもち、各自の「地名」を用いて生活していた。

その「地名」こそ、歴史の証人である。その証言を、一つひとつ緻密に取り上げ、著者は長年にわたり、執拗に追跡した。その成果が本書である。

二

著者の手法の出発点は、従来説の確認である。特定の研究書はもとより、「蝦夷」などにふれた概説書の記載をも丹念に取り上げ、その立説の根拠、その視点に対する「再認識」につとめている。これは、やがて展開すべき自家の立論が〝独りよがり〟に陥らぬための、周到な用意であろう。

けれども、この当然の「用意」を欠く研究書や概説書の少なくないこと、著者の引用と紹介によって、改めて驚かされる。

たとえば「蝦夷」という二文字は、〝はるかなるえびす〟の意であるから、その視野の原点には、有名な「東夷」という概念の存在すること、当然である。

その「東夷」とは、三世紀の三国志に「東夷伝序文」（実は、三国志全体の序文。古田『俾弥呼』日本評伝選、参照）があるように、中国側を原点とする概念である。

では、その「東夷」とは日本列島中のいずこを指す言葉か。「蝦夷」を論ずるには、不可欠の道筋だ。しかし、その道筋の〝ありよう〟の探究を「回避」したまま、従来の各研究者の

「蝦夷」論は行われてきたのだ。信じられぬ「杜撰《ずさん》さ」だといったら、はたして言いすぎだろうか。

このような、従来説の「不安定さ」が、今回の著書の、冷静な紹介によって、逆に浮かびあがっているのに驚嘆せざるをえない。

著者が、わたし（古田）の「邪馬壹国」説や「九州王朝」説に対して強い関心をもたれたこと、決して偶然ではなかったのである。

三

肝心の、著者の「方法」を見よう。

六国史の「渡嶋」という二文字に対し、この一語を、日本列島内の某地点（例えば北海道の一角）に漫然と〝当てる〟前に、まず「渡り」という日本語の用いられた地名を一つひとつ拾い上げ、その「意義」を求める。さらにこの日本語の用いられた地点の分布図を作る。それが著者の探究にとっての「基礎作業」なのである。研究者として、当然の作業だ。

だが、従来の「研究書」や「概説書」においては、このような「基礎作業」なしに〝早くも〟その著者の「結論」（例えば「北海道の一角」を指す、といった見解）が述べられていたことに、驚かざるをえない。

その作業を着々と、著者は実行したのである。その成果が本書には豊富にもりこまれている。壮観である。

四

著者の探究の独自性は、本書第Ⅱ部の「「上・下」「前・後」の地名考――地名にみる多元的古代の証明」にも、よく表現されている。

日本列島の地名にこのような「上・下」「前・後」といった表記が存在することは、周知の事実ではあるけれど、その表記こそ、その地名の成立時点の「歴史認識」のありかたを示している。それは当然の道理だ。

だが、日本列島各地の地名の中の「上・下」や「前・後」は、すべて「同一中心」を原点としたものではない。では、それぞれの地名成立時における「中心」はどこか。

このような、平易、かつ当然の「疑問」に対し、従来の研究者は十分に、あるいは〝手厚く〟答えることがなかった。

著者は、敢然と、この疑問に対して挑戦したのである。これも、壮挙という他はない。

五

九州には壱岐の島がある。対馬と並んで、対馬海流上の島々の一つだ。その島に訪れた人は気づくであろう。「上る」「下る」といった言葉が、日常的に用いられている。対馬海流の方向、西から東へ、それが「下る」であり、東から西へ、が「上る」だ。海流の「向き」がこの地理的動詞を決定しているのである。

この点、古事記にも、同じ用法がある。上巻の大国主神の節の「6、須勢理毘売の嫉妬」の段に、

「出雲より倭国に上り坐さむとして」(岩波、日本古典文学大系、一〇三ページ)

とある。「倭国」は「チクシのくに」であり、ここでは大国主神は「出雲から胸形の沖津宮へ」行き、多紀理毘売命に会う、という一段だから、この「上る」は、先の壱岐島の場合と同じく、対馬海流の「向き」をもとにした「上る」の用法である。

したがってこの「倭国」は「チクシのくに」であり、あの後漢の光武帝の金印(いわゆる「志賀島出土」とされたもの)の文字「委(=倭)」が「ヤマト」ではなく、「チクシ」を指すのと同様だ。本来の用法である。

本居宣長は『古事記伝』において「倭国」を「ヤマトのくに」と〝訓み〟、「後世、天皇が大

和におられるようになったから。」と解説した。「出雲から大和へ」では、道筋が複雑で、こんな「短い句」で〝説明〟などできるはずがない。

しかし宣長は、天井裏の書斎にこもって思案しつづけた、偉大な先人だ。彼を責めるのは、酷に過ぎよう。問題は、明治以降の研究者や学者達だ。「天皇家中心の一元史観」という〝政治のわく〟の中にとじこもって、普遍的な立場からの学問的再検証を怠ってきたのである。

著者は、第一歩の原点にもどり、「失われていた地名研究」への道を切り開こうとしている。真に壮挙である。

六

明治維新以降の「天皇家中心学派」は、教科書や研究書を〝占領〟しただけではない。当然ながら、新聞やテレビや各種メディアも、これに追随してきた。

例えば、あの有名な「名文句」の「日出ずる処の天子、書を日没する処の天子に致す、恙なきや」は、初唐、七世紀前半成立の隋書にだけ出ている。古事記や日本書紀にはない。ない、だけではない。右の「名文句」の発言者は多利思北孤（タリシホコ）という男性だ。「雞弥（キミ）」という妻をもつ。

一方、同時代の近畿（大和）の君主は、女性の推古天皇である。

だが、この「男性」と「女性」を「同一人」として、無理矢理〝結びつけ〟てきた。明治以降の教科書や学界の「すべて」の〝権威者〟たちの〝仕わざ〟だ。

だから、新聞やテレビや各種メディアそろって、この「奇想天外」の虚像を際限なく、くりかえしている。それが現代である。

本書の末尾に付せられた「ひとつの意見書」は、平成二四年二月一日、NHK放送センターの担当者に向けられた、「裂帛の名文」といえよう。

後代の人々が「あの時代（昭和・平成）の人々は、なぜこれほどの背理の〝報道〟に対して、黙って耐えていたのか。」と本質的な疑問を投げかけるとき、この二十一世紀初頭にも、「人間」はいた。気骨をもつ、頭脳は存在した。その一事を証明する一文となっている。

NHKや他のメディアの人々が「再び」無視せぬことを祈りたい。

本書によって、現代の日本列島は稀有の財産をえたこと、まちがいない。

著者の壮挙に、無限の拍手を送りたい。

二〇一二年八月六日

はしがき

私は今年で七十一歳になった。還暦を迎えてから歴史研究に没頭するようになったその想いをここで吐露することをお許しいただきたい。

はじめに、私が小学校に入る前から歴史に触れるようになったことをお話ししたいと思う。そのきっかけを思い起こすと、それは厳格で怖い存在であった祖父・喜三郎の影響によるのではなかったか、と。夕食が終わると囲炉裏の横に正座させられ、着物姿で居住まいを正し、横座に座った祖父から、自伝や我が家の歴史を教わるのである。それもキセルできざみ煙草をふかしながら始まった。私が少しでも膝を崩すと、そのキセルが膝に飛んでくるのである。そのせいか、いやが上にも歴史に興味を持つようになった。我が家の土蔵にあった祖父や父の歴史の教科書を引っ張り出して読んだ記憶がある。そして、祖父が著した「家系と自伝」や先祖代々伝わる「過去帳」などから系図作成の真似事を始めたのが、小学校六年の時であった。ところで、〝道産子《どさんこ》〟である私は、高校生のころ北海道の郷土史に興味を持つようになった。

そして、明治大學では我が国の中世史を専攻したのであるが、その間北海道の歴史を勉強して、卒業論文『蝦夷地に於ける戦国時代』を書いた。その第一章が「渡嶋と粛慎考《わたりしまみしはせこう》」として、今回上梓本の一番のテーマである、〝北海道の夜明け〟と位置づけられていた「渡嶋」について書いたのである。

「渡嶋は北海道ではない。宇曽利《うそり》（下北半島）・糠部《ぬかのぶ》地方である。」と。

しかし、今に思えばまだまだ解らないことが一杯あった。それでも、いつかはこれを世に出したいという想いだけをずっと持ち続けていたのである。それに至るも、私もご多分にもれず、当時は団塊の世代のサラリーマンであったので、仕事は多忙を極め、研究を進展させることなどは想いもよらなかったことにもよる。

ところが、還暦を迎える前年の十月に、歴史好きの母方の叔父・小倉晴夫氏から一冊の本をいただいた。それは『「邪馬台国」はなかった』、〝言わずと知れた〟古田武彦先生の名著である。これを見て、びっくり仰天、〝目から鱗が落ちた〟のである。そして、私の心奥に潜んでいた歴史への想いを、激しく呼び起こしてくれたのである。それ以来、大げさなようであるが、自営業の仕事もそっちのけ、古田先生の著作を貪り読んだあげく、歯車が狂ったように古代史研究に傾斜していった。先生に巡り会って、私の人生もすっかり変わってしまったのである。それも〝たった一冊の本〟からであった。

そして、「多元史観」「九州王朝論」をなにがしか理解した時、また『東日流《つがる》外三郡誌《そとさんぐんし》』に巡り会ったことから、かつての「渡嶋」研究で曖昧模糊として解らなかったことなどが眼前に明確に現れてきたのである。ただし、本筋は全く変わらなかった。

その後、光栄にも古田先生直接編集の『なかった——真実の歴史学』（ミネルヴァ書房、二〇〇六年五月～二〇〇九年七月）の第二号～五号までに「渡嶋と粛慎——渡嶋は北海道ではない」として連載させていただいた。それを今回ミネルヴァ書房様のご厚意により、これを一括して収録し、他の拙論を含めて『地名が解き明かす古代日本』として、非才を顧みず上梓できることになったこと、望外の慶びである。永年の想いを諸兄のご高覧に供し、ご批判を賜りたい。

地名が解き明かす古代日本——錯覚された北海道・東北

目次

第Ⅰ部　渡嶋《わたりしま》と粛慎《しゅくしん》

——渡嶋は北海道ではない

序

六国史《りっこくし》[1]に散見される「渡嶋《わたりしま》」「越度嶋《こしのわたりしま》」、また「粛慎《しゅくしん》（アシハセ・ミシハセとも言う）[2]」については、その比定地がどこか、そこに住む人々はどのような民族なのか等々、江戸時代より今日に至るまで、多くの研究がなされてきた。そこは大和朝廷による日本列島統一過程で残された北の大地であり、奥州最北、そしてそのまた奥の北海道の未知なる世界であった。しかもこれは日本人のルーツにも関わることから、過去に多くの研究者が、六国史の僅かな記述をもとに、ロマンを求め、わが国の歴史を繙《ひもとこ》うとしたのである。かくいう私も、高校生の頃から興味の種は尽きなかった。近年において、これらに関する考古学上・古代史学上の研究成果は大いに発展してきている。しかし、今もって曖昧模糊としていることが多い。そのような中にあって、私もこのことへの探究を試み、非才を省みず、拙論を書くことを思い立ったのである。

さて、この未知なる世界であった「渡嶋」について、北海道の地方史すなわち明治十四年北海道開拓使編の『北海道志』[3]以来、大正七年北海道庁編の『北海道史』[4]、次いで昭和十一年の

『新撰北海道史』[5]、昭和三十七年の『北海道略史』[6]、および昭和四十五年の『新北海道史』[7]に至るまで、一貫して蝦夷地《えぞち》すなわち現在の北海道であるとしている。

一方、歴史家の著述について見ると、昭和五年の津田左右吉氏による渡嶋東北総称説（『日本上代史研究』[8]）、昭和三十一年に著わされた田名網宏氏の秋田城近辺説（『蝦夷』「古代蝦夷とアイヌ」[9]）、さらにその後の村尾次郎氏の秋田・能代・津軽地方総称説（『律令財政史の研究』「渡島と日高見国」[10]）、松原弘宣氏の秋田・能代説（『日本古代水上交通史の研究』「渡嶋津軽津司について」[11]）などの北海道ではないとする説や、小口雅史氏の津軽半島北部から北海道に跨る津軽海峡説（『文経論叢』「阿倍比羅夫北征地名考」[12]）など諸説様々があった。

しかし、近年渡嶋の比定地論稿の数が夥しい中で、それらはまた北海道説に回帰してきている。例えば、高橋富雄氏（『古代蝦夷を考える』[13]）、工藤雅樹氏（『古代蝦夷』[14]）、千田稔氏（中西進編『エミシとは何か』[15]）、関口明氏（『蝦夷と古代国家』[16]）、鈴木靖民氏・樋口知志氏（『古代蝦夷の世界と交流』[17]）、蓑島栄紀氏（『日本古代の伝承と東アジア』[18]）、佐々木馨氏（『アイヌと「日本」』[19]）、菊池勇夫氏（『蝦夷島と北方世界』[20]）などがそれである。私の敬愛する師古田武彦先生もまた、渡嶋を北海道に比定している（『真実の東北王朝』[21]）。まさに、渡嶋すなわち北海道説が現今の学会を風靡していると言えよう。

一方の粛慎について述べてみたい。

「阿倍比羅夫《あべのひらふ》の粛慎征伐」について、『新撰北海道史』は「沿海州地方に遠征してツングース系民族の粛慎を討った」と記していたが、『新北海道史』は、従来説に対して見解を異にした。その一部を引用すると、

「阿倍臣の戦った粛慎がはたしてこれであるかどうかを確定することはできない。粛慎とは一定の民族ではなく、北方の蛮民を汎称したものであるとも考えられている。当時北方から渡島蝦夷を脅かした者があり、これを蝦夷と区別するために粛慎と呼んだのであろう。」

と。この記述は私の見る限り、粛慎とは一体何者なのか、ますます混迷の度を深めているように思われる。

私はこのことに関して、明治大学の卒業論文『蝦夷地に於ける戦国時代』の第一章「渡嶋と粛慎考」(22)で反論を書いた。

「これは間違いである。〈渡嶋〉は北海道ではなく、宇曽利《うそり》(下北半島)・糠部《ぬかのぶ》地方(南部《なんぶ》とも言う。なお、宇曽利も糠部に含まれ、青森県東部地方全域を指すこともあったようであるが、私はあえて別建てとする)である。そして、当時の〈蝦夷〉は〝エミシ〟であり、〝エゾ〟(アイヌ)

ではなく化外《けがい》の民とされた和人（大和民族）である。また、〈粛慎〉とはアイヌのことである」

とした。

爾来今日に至るまで、「渡嶋」「蝦夷」「粛慎」について多くの論文が発表されているが、「渡嶋」を宇曽利・糠部地方に比定した人は、管見の限り見当たらない。ただし「粛慎」に関しては、私の見解も現在は少し違ってきた。六国史の「粛慎」全てをアイヌに当てはめることは無理がある、と思っている。

そこで、私は終生の持論に、その後に発見された史料や、最近の北海道・東北地方における考古学・古代史学の研究成果を参考にし、「渡嶋の比定地」「粛慎征伐」について、再考察を試みようと思い立った。

従来説に対して反論し、私見を述べることにするが、論述にあたりお断りしておきたいことがある。

私は、〝道産子《どさんこ》〟(23)であるが故に『北海道史』に起点を求めた。そして、最近の論文については、数も多くその研究成果は素晴らしいものがあるが、これらは私が求めるところとは違うこともあり、それも大なり小なり同じ視点・結論の論述であると見受けられるので、ポイントのみ絞って解説した。その点ご了承いただきたい。
これが、北海道・東北の真実の古代史を繙《ひもと》く一助になれば幸いである。

注
(1) 六国史とは、奈良・平安時代に編纂された官撰の国史『日本書紀』『続日本紀』『日本後紀』『続日本後紀』『日本文徳天皇実録』『日本三代実録』の総称である。
(2) 史料・文献中の旧字体「愼」は、新字体の「慎」にすべて統一した。
(3) 『北海道志』一八八一年 北海道開拓使編。
(4) 『北海道史』一九一八年 北海道庁編。
(5) 『新撰北海道史』一九三六〜三七年 北海道庁編。
(6) 『北海道略史』一九六二年 北海道総務部編。
(7) 『新北海道史』高倉新一郎編集 一九七〇年 北海道史編集所。
(8) 『日本上代史研究』津田左右吉著 一九三〇年 岩波書店。
(9) 『古代蝦夷とアイヌ』田名網宏著(古代史談話会編『蝦夷』所収 一九五六年 朝倉書店)。
(10) 『律令財政史の研究』「渡島と日高見国」村尾次郎著 一九六三年 吉川弘文館。
(11) 『日本古代水上交通史の研究』「渡嶋津軽津司について」松原弘宣著 一九八五年 吉川弘文館。
(12) 『文経論叢』「阿倍比羅夫北征地名考」小口雅史著 一九九二年 弘前大学人文学部。

（13）『古代蝦夷を考える』高橋富雄著　一九九一年　吉川弘文館。
（14）『古代蝦夷《えみし》』工藤雅樹著　二〇〇〇年　吉川弘文館。
（15）「エミシとは何か」千田稔著　中西進編　一九九三年　角川書店。
（16）『蝦夷と古代国家』関口明著　一九九二年　吉川弘文館。
（17）『古代蝦夷の世界と交流』鈴木靖民編　一九九六年　名著出版。同書所収「渡島のエミシ」樋口知志著。
（18）『日本古代の伝承と東アジア』佐伯有清先生古稀記念会編　一九九五年　吉川弘文館。同書所収「阿倍比羅夫の北征と東北アジア世界」蓑島栄紀著。
（19）『アイヌと「日本」』佐々木馨著　二〇〇一年　山川出版社。
（20）『日本の時代史19　蝦夷島《えぞがしま》と北方世界』菊池勇夫著　二〇〇三年　吉川弘文館。
（21）『真実の東北王朝』古田武彦著　一九九〇年　駸々堂出版。復刻版　古田武彦・古代史コレクション　二〇一二年　ミネルヴァ書房。
（22）『蝦夷地に於ける戦国時代』合田洋一　明治大学卒業論文　一九六五年三月。
（23）〝道産子〟の意は、本来は北海道産の馬のことであるが、転じて北海道生まれの人のことを言う。どちらかと言うと、それを誇りとする呼称である。

第一章　渡嶋《わたりしま》と蝦夷《えみし》

1　通説と異説

「北海道が渡島の名を以て国史の上に跡付けられたのは斉明天皇の四年、やがて千三百年の遠きに遡る」

とは、『新撰北海道史』第一巻の冒頭の言葉である。

そして、その後編纂された『新北海道史』(1)でも、六国史の記事について「渡島すなわち北海道」としている。

この渡島（嶋）が、北海道の最初の称呼であるとしたのは、江戸時代の学者新井白石である。その著『蝦夷志』(2)において、

「松前者夷地之南海、国史所謂渡島津軽津者蓋此」（松前は夷地の南海、国史にいうところの渡島津軽津はけだしこれなり）

と。これが初見と思われるが、以後、斉明紀の「渡嶋《わたりしま》」および持統紀の「越度嶋《こしのわたりしま》」が、北海道を指したものだという通説になったのである。

松前藩の偉大な学者とされている松前広長も、『松前志』(3)において、

「松前（蝦夷地・北海道）ハ後世福山城下ノ俗号ニシテ国史所謂度《ママ》島是ナリ」（カッコ内筆者注）

と言っている。また、徳川幕府の松前奉行羽太庄左衛門正養《はぶとしょうざえもんまさやす》の『休明光記』(4)でも、

「抑此地の事は、斉明天皇の御宇、阿倍臣をして蝦夷を征せしめ給ひ、後方羊蹄に政所を置きたると日本書紀にも見えたり。此後方羊蹄は今のシリベシと云。蝦夷地第一の高山なり」

と。渡嶋は現在の北海道であり、「後方羊蹄」は後志《しりべし》地方にある羊蹄山《ようていざん》であるとしている。また、探検家最上徳内(5)、松浦武四郎もこの説を採っている。

現在の地名である渡島《おしま》半島および、明治二年八月蝦夷地改め北海道と称し十一カ国八十六郡を制定したが、その中の一つ渡島《おしま》国は、開拓使判官松浦武四郎が六国史より引用し命名したものである。

しかし、この六国史に散見する渡嶋が、北海道を指すということに疑問を持つ者もないではなかった。

古くは寛政の三奇人の一人、林子平がその著『三国通覧図説』(6)で、

「斉明紀ニ政所ヲ後方羊蹄ニ置ルコトアリ（中略）津軽山ヲシリベシト心得タルニハ非スヤ」

と言っている。これは、斉明天皇五年三月に阿倍臣が蝦夷国を討ち、政所を後方羊蹄に置いたという記事に対して、この地は蝦夷地（北海道）後志地方の羊蹄山ではなく津軽山（岩木山）である、と疑問を呈したものである。

新井白石は、この後方羊蹄に関してだけは『蝦夷志』で、次のように述べている。

「後方羊蹄読云之利辺之印今南部之利辺之地也」

すなわち、その地は南部である、と言っている。

その後、明治・大正・昭和にかけて、六国史の渡嶋が北海道であるとする説が学会を風靡していた中で、昭和五年に津田左右吉博士は前述しているが『日本上代史研究』の「粛慎考」において、渡嶋の地について、東北地方総称説を唱えている。

次に昭和三十一年に田名網宏氏は、前掲の『蝦夷』「古代蝦夷とアイヌ」において、

「元慶三年の渡島の夷首百三人が、種類三千人を率いて秋田城に走せ参じたと云うことから見て、渡島は秋田城からそれほど遠くない、しかも直接関係の深い地域である」

と述べ、そのほか種々の例を挙げて、渡島の記事はすべてこれを北海道の地に求めることは甚だ無理で、渡島を北海道と見ることはできない、としている。

また、阿倍比羅夫が粛慎を討ったということに関しても、

「粛慎は従来言われているような沿海州に居たツングース系の人種ではなく、粛慎は即ちアイヌである」

と論じている。

ここで、田名網氏の説はひとまず擱くとして、その後の昭和三十年以降は、「渡嶋」に関して、北海道以外を比定する様々な説があった。

そのような中でも、北海道の地方史は、『新北海道史』が象徴しているとおり、明治初年の開拓使の時代から一貫して「渡嶋」を北海道としている。道内各市町村史はすべて右に倣え、郷土史家は言うに及ばず、一様に「渡嶋」を北海道としている。

また、最近の歴史家諸氏の論稿も、すべてと言っても過言ではないくらい「渡嶋」を北海道に比定している。

なお、これらの中で、「渡嶋」「粛慎」に関する小口雅史氏の『渡嶋再考』(7)は、従来説を網羅し、まとめあげたもので、素晴らしい論文であることを付言しておきたい。

2　六国史の「渡嶋」と「粛慎」史料

そこで、これらを究明するのに先立ち、六国史(8)とその後編纂された『扶桑略記(9)』・『日本紀略(10)』に散見する「渡嶋」と「粛慎」の記事を次に掲げる。

(1)
『日本書紀』欽明天皇五年（五四四）
十二月、越国言、「佐渡嶋の北の御名部《みなべ》の碕岸《さき》に、粛慎人《みしはせのひと》有りて、一船舶《ひとふな》に乗りて淹留《とどま》る。春夏捕魚《すなどり》して食《くらいもの》に充《あ》つ。彼《そ》の嶋の人、人に非ずと言《まう》す。亦鬼魅《またおに》なりと言して、敢て近つかず。嶋の東の禹武邑《うむのさと》の人、椎子《しひ》を採拾《ひろ》ひて熟《こな》し喫《は》まむと為欲《おも》ふ。灰の裏《なか》に着《お》きて炮《い》りつ。其の皮甲《かは》、二《ふたり》の人に化成りて、火の上に飛び騰《あが》ること一尺余許《ひとさかあまり》。時を経て相闘《あいたたか》ふ。邑《さと》の人深く異《あや》しと以為《おも》ひて、庭に取置く。亦前《またさき》の如く飛びて、相闘ふこと已《や》まず。人有りて占へて云はく、『是の邑の人、必ず魅鬼《おに》の為に迷惑《まど》はされむ』といふ。久にあらずして言ふことの如く、其《それ》に抄掠《かす》めらる。是《ここ》に、粛慎人、瀬波河浦《せなかはのうら》に移り就《ゆ》く。浦の神厳忌《いちはや》し。人敢て近つかず。渴《みづにう》ゑて其の水を飲みて、死ぬる者半《なかば》に且《なんなんと》す。骨、巌岫《いわほのくき》に積みたり。俗《くにひと》、粛慎隈《みしはせのくま》と呼《い》ふ」とまうす。
〈岩波注〉粛慎について――蝦夷の一部、沿海州のツングース族などの説があり、また粛慎の文字は中国古典から借りたものに過ぎないとの説がある。またここの記事に粛慎（ミシハセ）の語を用いたのは、のちの斉明朝における阿倍比羅夫の北方遠征の知識によるとする説もある。

(2)
『日本書紀』斉明天皇四年（六五八）
夏四月に、阿倍臣《あへのおみ》、名を闕《もら》せり。船師一百八十艘を率て、蝦夷《えみし》を伐つ。齶田《あぎた》・渟代《ぬしろ》、二郡の蝦夷、望《おせ》り怖《お》ぢて降《したが》はむと乞ふ。是《ここ》に、軍《いくさ》を勒《ととの》へて、船を齶田浦に陳《つら》ぬ。齶田の蝦夷恩荷《おが》、進みて誓ひて曰《まう》さく、（中略）仍《よ》りて恩荷に授《さず》くるに、小乙上《せうおつじゃう》を以《も》てして、渟代・津軽、二郡の郡領《こほりのみやつこ》に定む。遂に有間浜《ありまのはま》に、渡嶋《わたりのしま》の蝦夷《えみしども》等を召し聚《つど》へて、大きに饗《あへ》たまひて帰《かへしつかは》す。

〈岩波注〉齶田―秋田市附近。渟代―能代市附近。

(3)同四年十一月

是歳《ことし》、越国守阿倍引田臣比羅夫、粛慎を討ちて、生羆《しくま》二つ、羆皮《しくまのかわ》七十枚献《たてまつ》る。

〈岩波注〉羆《しくま》―現在のヒグマ。

(4)同五年（六五九）春三月

是の月に、阿倍臣　名を闕《もら》せり。を遣して、船師一百八十艘を率て、蝦夷《えみし》国を討つ。阿倍臣、飽田《あぎた》・渟代《ぬしろ》、二郡の蝦夷二百四十一人、其の虜三十一人、津軽郡の蝦夷一百十二人、其の虜四人、胆振鉏《いふりさえ》の蝦夷二十人を一所に簡《えら》び集めて、大きに饗《あへ》たまひ禄賜《ものたま》ふ。胆振鉏、此をば伊浮梨娑陛《いふりさえ》と云ふ。即ち船一隻と、五色の綵帛《しみのきぬ》とを以て、彼《そ》の地の神を祭る。肉入籠《ししりこ》に至る。時に、問菟《とい う》の蝦夷胆鹿嶋《いかしま》・菟穂名《うほな》、二人進みて曰《い》はく、「後方羊蹄《しりへし》を以て、政所《まつりごとどころ》とすべし」といふ。肉入籠、此をば之之梨姑《ししりこ》といふ。問菟、此をば塗毗宇《とひふ》といふ。菟穂名、此をば宇保那《うほな》と云ふ。後方羊蹄、此をば斯梨蔽之《しりへし》と云ふ。政所は、蓋《けだ》し蝦夷の郡《こほり》か。胆鹿嶋《いかしま》等が語《こと》に随ひて、遂に郡領《こほりのみやつこ》を置きて帰る。道奥《みちのく》と越《こし》との国司《くにのみこともち》に位《くらい》各《おのおの》二階《ふたしな》、郡領と主政《まつりごとひと》とに各一階《ひとしな》授く。或本に云はく、阿倍引田臣比羅夫《あへひけたおみひらぶ》、粛慎と戦ひて帰れり。虜《とりこ》四十九人献《たてまつ》るといふ。

〈岩波注〉胆振鉏—北海道の胆振は、蝦夷地開拓が課題となった江戸時代の学者の説に基づき、明治初年に命名されたもの。後方羊蹄—アイヌ語の shiri pet で大河を意味し、岩木川口附近とする説もあるが、未詳。北海道の後志（しりべし）はやはり明治初年の命名。

(5)同六年（六六〇）三月

阿倍臣　名を闕《もら》せり。を遣して、船師二百艘を率て、粛慎国を伐たしむ。阿倍臣、陸奥《みちのく》の蝦夷を以て、己が船に乗せて、大河《おおかわ》の側《ほとり》に到る。是《ここ》に、渡嶋《わたりのしま》の蝦夷一千余、海の畔《ほとり》に屯《い》聚《は》みて、河に向ひて営《いほり》す。営の中の二人、進みて急《にはか》に叫びて曰はく、「粛慎の船師多に来りて、我等を殺さむとするが故に、願ふ、河を済《わた》りて仕官《つか》へまつらむと欲《おも》ふ」といふ。阿倍臣、船を遣して、両箇《ふたつ》の蝦夷を喚《め》し至らしめて、賊の隠所と其の船数とを問ふ。両箇の蝦夷、便《すなは》ち隠所を指して曰はく、「船二十余艘なり」といふ。（中略）粛慎（中略）船に乗りて退《まか》りぬ。阿倍臣、数《あまた》船を遣して喚《め》さしむ。来肯《まうきか》へずして、弊賂弁嶋《へろべのしま》に復《かえ》りぬ。食《しば》頃《らく》ありて和《あまな》はむと乞《まう》す。遂に聴《ゆる》し肯《か》へず。弊賂弁は、渡嶋の別《わかれ》なり。己《おの》が柵《き》に拠《よ》りて戦ふ。時に、能登臣馬身竜《のとのおみまむたつ》、敵《あた》の為に殺されぬ。猶《なお》戦ひて未《いま》だ倦《う》まざる間に、賊《あた》破れて己が妻子《めこ》を殺す。

〈岩波注〉弊賂弁―大河河口のデルタの一つか、未詳。渡嶋の別なり―渡嶋の一部であって、粛慎の地ではないの意。己が柵―粛慎が弊賂弁嶋に築いた柵。妻子も居住させていた。

(6)同六年夏五月

又、阿倍引田臣、名を闕《もら》せり。夷《えみし》五十余献《たてまつ》る。又、石上池《いそのかみのいけ》の辺《あたり》に、須弥山《すみのやま》を作る。高さ廟塔《めうたふ》の如し。以て粛慎四十七人に饗《あへ》たまふ。

〈岩波注〉廟塔―寺院の塔のこと。

(7)『日本書紀』天武天皇五年（六七七）十一月

新羅、沙飡金清平《ささんこむしやうびやう》を遣して政《まつりごと》を請《まう》さしむ。（中略）清平《しやうびやう》等《ら》を筑紫に送る。是の月に、粛慎七人、清平等に従ひて至《まうけ》り。

(8)『日本書紀』持統天皇十年（六九六）三月
甲寅《きのえとら》に、越の度嶋《わたりのしま》の蝦夷伊奈理武志《えみしいなりむし》と、粛慎《みしはせ》の志良守叡草《しらすえそう》とに、錦《にしきの》袍《きぬ》袴《はかま》・緋《ひ》紺《はなだの》絁《ふとぎぬ》・斧等《おのら》を賜ふ。
〈岩波注〉志良守―秋田城付近の地名か部族名か。錦袍袴―錦で作った上着と袴。袍―長袖のある上着。斧等を賜う―蝦夷・粛慎にはまだ鉄器が普及していない。

(9)『扶桑略記』巻八、元正天皇養老二年（七一八）秋八月甲戌
乙亥。出羽並渡嶋蝦夷八十七人来。貢馬千疋。即授位禄。
（出羽と渡嶋の蝦夷八十七が来て馬千頭献じたので冠位と俸禄を授けた）

(10)『続日本紀』元正天皇養老四年（七二〇）春正月
丙子。遣渡嶋津軽津司従七位上諸君鞍《もろきみのくら》男《お》等六人靺鞨国《まっかつこく》。観其風俗。
（渡嶋津軽津の司・従七位上諸君鞍男等六人を靺鞨国へ遣わしてその風俗を観させた）

(11)同巻三十五、光仁天皇、宝亀十一年（七八〇）五月
勅出羽国曰。渡嶋蝦狄早効丹心。来朝貢獻。為日稍久。方令帰俘作逆。侵擾辺民。宜将軍

国司賜饗之日。存意慰喩焉。

これについて、直木孝次郎氏は『続日本紀』で、訳文を次のように記述している。解りやすいのでここに掲げる。

【天皇はつぎのように】出羽国に勅した。

渡嶋の蝦夷がさきに誠意をつくして来朝し、献上物を貢納してから、ようやく長い月日がたとうとしている。まさに今、【伊治呰麻呂のような】帰服した蝦夷が反逆をおこし、辺境の民を侵し騒がせている。【出羽鎮狄】将軍や【出羽】国司は【渡嶋の蝦夷に】饗宴を賜わる日に、とくに心がけて【彼らを】ねぎらい喩すように。

(12)『日本後紀』巻二十、嵯峨天皇弘仁元年（八一〇）十月

陸奥国曰。渡嶋狄二百余人来着部下気仙郡。非当国所管。令之帰去。狄等云。時是寒節。海路難越。候来春。欲帰本郷者。許之。留住之間。宜給衣粮。

（陸奥国いわく。渡嶋の狄二百余人が陸奥国気仙郡に来着した。当国の所管ではないので帰らせようとしたところ、狄等がいうのには、これから寒い季節になるので海路超えは難かしい。来春まで

滞在させてほしいとの願いを許可し、その間の衣食を支給した）

⒀『日本三代実録』巻二十七、清和天皇貞観十七年（八七五）十一月十六日乙未。
出羽国曰。渡嶋荒狄反叛。水軍八十艘。殺略秋田飽海両群百姓廿一人。勅牧宰討平之。
（出羽国いわく。渡嶋の荒狄が叛乱し、水軍八十艘で秋田郡・飽海郡を襲い百姓二十一人を殺したので、出羽国司に追討を命じた）

⒁同巻三十四、陽成天皇元慶二年（八七八）九月
勅符出羽国司曰。（中略）若當国之力足以制賊者。移告而返之。不可必迎引。且津軽渡嶋俘囚等所請之事。以夷撃夷。古之上計。
（出羽の国司に対して曰く。賊を制するのに、もし当国の力が不足しているならば、〈小野春風率いる陸奥国の援軍は〉引き返しても良いことを告げる。且、津軽・渡嶋の俘囚を使って、夷を以て夷を撃つ。これは古よりの上計である）

⒂同巻三十五、陽成天皇元慶三年（八七九）正月
出羽国飛駅奏曰。（中略）渡嶋夷首百三人。率種類三千人。詣秋田城。与津軽俘囚不連賊

者百余人。同共帰慕聖化。若不労賜。恐生怨恨。（後略）
（出羽国より早馬にて奏上。渡嶋の酋長百三人が同族三千人を率いて、また津軽の俘囚で賊でないもの百余人と共に、秋田城に詣でて同じく共に聖化を帰慕した。そこで怨恨を恐れ慰労したことを報告する）

⒃同巻四十、陽成天皇元慶五年（八八一）八月　十四日庚寅。
先是。出羽国司曰。去元慶元年穀稼多損。調雇不備。二年夷虜反叛。国内騒擾。義従俘囚及諸郡田夷並渡嶋狄等。或疲於儆戎。或慕化遠来。開用不動穀三千二百卅七斛五斗。以充大饗。不先言上。責在牧宰。至是。勅免除。
（大意『青森県史』資料編古代1より～元慶の乱の際に、無許可で不動穀を支出して渡嶋狄らを饗応した出羽国司の責任を免除する）

⒄『續群書類従』巻百九十一「藤原保則伝」[11]（元慶の乱時）
（前略）後数日。遂斬両夷首以献之。公即発使者。撫佃餘種。自津軽至渡島。雑種夷人。前代未曾帰附者。皆盡内属。於是公復立秋田城。（後略）
（数日後、遂に両夷の首を斬り、以てこれを献ず。公即ち使者を発し、佃の余種を撫す。津軽より

渡島に至る雑種夷人、前代未曽帰附する者、皆ことごとく内属す。是に於いて公再び秋田城を立てる）

(18)『日本紀略』宇多天皇寛平五年（八九三）五月十五日壬午

出羽国渡嶋狄与奥地俘囚等依欲致戦闘之奏上。仰国宰。令警固城塞選練軍士。

（大意『青森県史』資料編古代1より～出羽国の渡嶋狄と奥地の俘囚との戦闘に備えて、出羽国司に城塞の警備を命じる）

3　エミシとエゾ

前記の寛平五年（八九三）の記事以後、渡嶋の語は文献から消えてしまうのである。

ちなみに、六国史に出現する渡嶋《わたりしまの》蝦夷《えみし》・津軽《つがるの》蝦夷《えみし》・齶田《あぎたの》蝦夷《えみし》・渟代《ぬしろの》蝦夷《えみし》・胆振鉏《いふりさえの》蝦夷《えみし》・問菟《というの》蝦夷《えみし》の中の津軽・齶田（秋田）・渟代（能代）の地名だけが現代まで残っており、他は六国史・『日本紀略』以後すべて消えてしまった。

そこで、渡嶋が北海道であるか否かを云々する場合、はじめに考えなければならないことがある。それは、渡嶋を北海道とする根底に、「古代蝦夷」すなわち「アイヌ」とする考え方があるからである。また、これは粛愼についても関連することでもあるので、まず六国史に散見する「蝦夷」について考察を試みる。

「蝦夷」の字は、エミシ・エビス・エゾとも訓じられ、その意味するところは辺民・まつろわざる民・化外《けがい》の民であり、蔑みの語であったが、時には勇猛の意味合いもあった。

これら辺民に対して、『日本書紀』は初め「愛弥詩《えみし》」とし（神武紀）、その後「蝦夷《えみし》」の卑字を充てた（初見は景行紀）。他の六国史も同様「蝦夷」としている。

また、奈良・平安時代には、同義語として「愛比須」「夷」「戎」「胡」「狄」「蝦狄」の字を充てることもあった。

そしてまた、奈良時代に築かれた「三関〈愛発関《あらちのせき》・不破関《ふわのせき》・鈴鹿関《すずかのせき》〉」(12)より東の、いわゆる関東の住民を「東戎《あずまえびす》（夷）」と呼んだ。その後、関東の語は東遷して鎌倉時代には現在の関東地方を指すようになり、それに伴い東戎の語も東遷した。

外国史料には、『宋書』倭国伝(13)の「倭王武の上表文」に「毛人《もうじん》」とあり、『旧唐書』倭国伝でも「東界・北界は大山ありて限りをなし、山外は即ち毛人国」とある。これは日本アルプス以東の甲信越・関東地方を指している（古田武彦著『法隆寺の中の九州王朝』(14)）。それに、群馬・栃木両県は、かつては「毛野国《けぬくに》」と言われていた。

この「毛人」は、「蝦夷」と同じ意味合いで「毛人《えみし》」とも訓じられた。これが勇猛な者を指す意味があることから、人名にも小野毛人・佐伯宿禰毛人・佐伯今毛人・高橋朝臣毛人などがある。一方「蝦夷」の人名にも、蘇我蝦夷（『上宮聖徳法皇帝説』[15]では蘇我毛人としている）・賀茂朝臣蝦夷がある。

ところが、この「蝦夷《えみし》」の語に大きな問題が発生した。それは、平安時代中期以降北海道のアイヌを「エゾ」と呼び、東北地方の住民と同じ「蝦夷」の字を充てたことによる。そのため、「蝦夷《えみし》＝アイヌ」「蝦夷《えぞ》＝アイヌ」という地域と民族の根幹に関わる二つの構図ができ、我が国の古代史や人類学上に大きな混乱を生じさせたのである。

古田武彦氏は『真実の東北王朝』で、この「蝦夷」の字について、民俗学者の荻原真子《おぎわらしんこ》氏の次の説（『アムール川下流域の「クイ」に由来する氏族に就いて』）を挙げて、

「〈アイヌに対するアムール川下流、サハリン地域の住民のうち、トゥングース・満州系諸族はkuiニヴヒはkuyiをもって呼称している〉このアイヌに対する呼称の〈クイ〉が〈カイ〉の原音であって、中国側がこれに〈蝦夷〉の字を造字した」

と、述べておられることを付言しておきたい。

ところで、六国史の蝦夷がアイヌだとした理由については、次のようなことが考えられる。

一、東北地方に、北海道にあるアイヌの砦・チャシと同じ形態の館址《たてあと》がある（東大東洋文化研究所編『館址』(16)）。

一、地名にアイヌ語と思われるものがある。例えば「内《ない》」「別《べつ》」「部《べ・ぺ》」のつく地名は東北地方の至る所にある。『古代蝦夷《えみし》とアイヌ』「金田一京助の世界2」(17)には二百九十カ所の「内」地名を載せている。また、北海道の渡島半島と津軽には同名アイヌ語と思われる地名がやたらに多い。

一、八戸からアイヌの人骨が発見された（『本州に於ける蝦夷の末路』(18)）。

一、『津軽一統志』(19)『津軽藩庁日記』(20)によって知ることであるが、津軽地方にアイヌが住んでいた（『本州に於ける蝦夷の末路』）。

一、『蒲生氏郷記』(21)『南部根原記』(22)によって知ることであるが、「九戸政実の乱」で九戸軍にアイヌが参戦していた（『古代蝦夷《えみし》とアイヌ』金田一京助の世界2）。

一、北海道と東北における続縄文土器・擦文土器などの文化の共通性。

一、下北半島の東通村田屋・大間町大間平・大畑町大字戦敷・東通村尻屋ハマシラにアイヌが居住していた、との伝承があった（『むつ市史』(23)原始・古代・中世編）。

一、『北海随筆』(24)に津軽・南部にアイヌが居住していたことが記されていた。

等々である。これによって、アイヌがかつて北海道だけではなく広く東北地方にも住んでおり、それが和人の圧迫によって北に追いやられたものだとしている。したがって六国史の蝦夷がアイヌである、と。この主張の代表的論者は、喜田貞吉・金田一京助・高倉新一郎の各博士である。

しかし、昭和三十年代に入ると、これに対しての反論が次々と示された。蝦夷の長といわれた安倍氏の血を引く奥州藤原氏四代のミイラの調査で、長谷部言人・鈴木尚・古畑種基の各博士は、科学的実証・形質人類学・医学上の立場から、

「これにはアイヌらしい痕跡は殆ど認められず、日本人に近い」（日本歴史叢書『蝦夷』[25]）

とする見解が示された。そして、この中で長谷部言人博士は、

「近世に於いて津軽藩の記録に現れるアイヌは、古代の蝦夷の末裔ではなく、それは北海道から渡って来た者であり、日本人とアイヌは初めから居住地域は津軽海峡を境としていた」

と。そして、鈴木尚博士も長谷部博士の説を支持して、

「八戸から発見されたアイヌの人骨は、北海道から移り住んだ者と考えるべきである」

と述べている。

次に、田名網宏氏は前掲書『蝦夷』「古代蝦夷とアイヌ」で「蝦夷」について、エミシとエゾの違いを明解に解説しているので、少し長くなるが、その要旨を以下に示す。

古代の蝦夷はエミシ・エビスであり、エゾとは読まないとして、

「エゾという呼び名の初見は、管見の限りでは久安六年（一一五〇）の御百首（『群書類従』巻六九）に見える尾張守親隆朝臣の〝えぞがすむつかろの野べの萩盛りこや錦木の立てるなるらむ〟という歌である」

と。そして、その他幾つかの歌を挙げて、

「これらの歌謡に見えるえぞの地域は、殆どが蝦夷ヶ千島即ち北海道方面を指している」

「〝エビス〟は〝エゾ〟の語が広く使われるようになった後でも、転訛によって消滅しないどころか、これと並行してますます用いられており、それが異人種ということではなく、単に

勇猛なる者の意味で永く東国の武人に対して用いられるようになったこと、一方エゾは奥羽北端・北海道の異族、アイヌをさす言葉としてこれとは別に起り、それは明治まで及んでいること、などの点から、エミシ・エビスは朝廷の支配圏外にあった奥羽地方の辺民をさすものである」

「エミシ・エビスがアイヌであるとすれば、平安中期以降、奥羽北端ないし北海道のアイヌをやはりエビスと呼ぶのが自然であり、エビスの語は存しながら、これとは全く別に、敢えてエゾと称した理由がわからなくなる」

「エゾがエミシ・エビスと同じく北方の蛮民・異族と考えられていたことが共通していたため、エゾに対しても本来エミシ・エビスであるべき〝蝦夷〟の文字が当てられたのである。それは江戸時代に、北方からロシア人が南下してくると、このロシア人を赤蝦夷と呼んだのと同じことである。これが後に蝦夷の文字に対して、混乱が起った原因である」

などと述べている。まさに卓見として承った。

また、東大の東洋文化研究所で、館を発掘調査したその報告・前掲『館址』でも、

「出土遺物のうちには、特に蝦夷的・或はアイヌ的と解されるような特徴を示すものは何一

つない」

と言っている。しかし、田名網氏が前掲書で述べておられるが、

「私は、古代蝦夷が日本人であることを、強いて結論づけようとしたのではない。アイヌであるという決定的な証拠も見出しがたいのである。」

と。これらは昭和三十年代の研究発表であったが、この時代以降、古代の東北地方の住民「蝦夷」について大方の研究者は、「蝦夷」は〝エミシ〟と読み〝エゾ〟ではない、すなわちアイヌではないとしている。しかしながら、現代においても北海道の郷土史家や著名な古代史家・歴史作家の中に、まだ古代の東北地方の住民を〝エゾ〟としている人がいることに驚きを禁じえない。

私は、昭和四十年の明治大学の卒業論文に、この東北地方の住民「蝦夷」について、次のように記した。

「縄文時代の東北地方の住民が、たとえアイヌであったとしても、六国史に登場する頃には、

北海道アイヌとははっきり区別できる人種を形成していた。換言すれば、日本人に近かった。もしくは初めから日本人であったという観点に私は立つ。この時代の〈蝦夷〉の語は〝エミシ〟であり決して〝エゾ〟とは読まない。これは〈四夷思想〉の東夷としての辺民〝エミシ〟であり、その後に登場する北海道のアイヌ〝エゾ〟とは違う。」

としたのであるが、しかし正直にいってこの頃はまだ一抹の不安があったのである。それは、この東北地方にはアイヌ語と思われる地名が多いことにあった。

ところが、近年、日本列島が大陸と陸続きの頃、旧石器・縄文人は大陸からやって来た北方系民族である、との説がほぼ定着してきた。

また、孤高の探究者古田武彦氏（元・昭和薬科大学教授）を追い落とそうと誹謗・中傷した一派が、その目的のために偽書扱いした、かの有名な『東日流外三郡誌《つがるそとさんぐんし》』(26)・『和田家文書』(27)にその答があったのである。

この書には津軽及び宇曽利・糠部地方（古代には下北半島を宇曽利、上北郡一帯を津母《つも》、八戸近辺・馬淵川流域を荷《に》〈弐・爾〉薩体《さったい》といった。糠部は青森県東部全域を指す場合と宇曽利・津母を除く場合もあり、また鎌倉時代以降南部とも言われた。──筆者）に関する古代の驚愕の歴史が記載されていた。

そこには、先住民としてツングース系民族の粛慎族の「阿蘇辺族《あそべぞく》」が津軽地方に、一方同じツングース系民族の靺鞨族《まっかつぞく》である「津保化族《つぼけぞく》」が宇曽利・津母・糠部（狭義の意で弐薩体を指している——筆者）地方にやって来てこの地に定着していた、と記されていた。

さらに、それを裏付けることにもなる古田武彦氏の説、それは、『出雲風土記』の「国引き神話」の検証から、ウラジオストク近辺が出雲王朝の故郷であり、また津軽・出雲地方に残るズゥズゥ弁の故郷であったとのこと。つまり、この地からツングース系民族（オロチ族か）が津軽・出雲地方にやって来た、と述べておられる（『多元』連載の「言素論」[28]）。

そして、最近の人類学上の説として、アイヌ民族は、やはりツングース系の種族であるが、北海道・千島列島・樺太（現・サハリン）に住し、東北地方の住民とは違う、という説も定着しつつある。しかし、アイヌがいつから北海道に住んでいたかについて様々な説があり、まだ明確になっていないことも、この問題には大きく影響している。

そうであっても、縄文時代の北海道そして東北地方の住民は、元を正せば同じ沿海州のツングース系民族ということになる。そして弥生時代に入ると、『東日流外三郡誌』に見られるとおり、安日彦《あびひこ》・長髄彦《ながすねひこ》一派が津軽に入り、先住民を従えてこの地に君臨した（後の安倍・安東氏の祖であり、古田武彦氏説によると「天孫降臨」ニニギノ命に追われた一派）。それに伴い混血も進み、また日本列島を北進して来た弥生人も増加して、ツングース系民族とは明確に区別できる人種を形成していたことになる。つまり、この当時の東北地方の住民は「エゾ（アイヌ）」ではなく、「エミシ」である。都人から政治的意図により、「辺民」「化外の民」「まつろわぬ民」として蔑まれていたが、「和人」であったのだ。ただし、津軽及び宇曽利・糠部地方に少数ながらアイヌが雑居していたことは事実である。それは、北海道から交易や漁業などにより移住した人々であったと見なしたい。

したがって、懸案であった東北地方のアイヌ語的地名の存在については、縄文時代に北海道と同じツングース系言語の地名として、この地ばかりか、列島各地に遺存していても何の不思議もなかった、と考えるに至ったのである。

これについては、言うまでもないがアイヌ語・粛慎語・靺鞨語などツングース系民族の言語を検証しなければならない。今後の大きな研究課題であるがひとまず仮説を提示しておきたい。

4　渡嶋がなぜ北海道ではないのか

(1)　六国史の「蝦夷」には「エゾ」の読みはない

従来「蝦夷」の読み方によって混乱を来たしていたことは既に指摘した。六国史最後の『日本三代実録』編纂時（九〇一年）の平安時代中期まではアイヌを示す「エゾ」の読みはないとの認識に立てば、問題は解決する。つまり、この当時の東北地方の民《たみ》は「エミシ・エビス」であり、「エゾ」ではないので、六国史の「蝦夷」は全て「エミシ・エビス」と訓じなければならない。だとすれば「渡嶋蝦夷」の読みは「わたりしまのエミシ・エビス」であり、「エゾ」であるはずはなく、したがって「渡嶋」の比定地をアイヌ居住地、つまり「エゾ地」である北海道に求めることは間違いなのである。

(2) 六国史の記事はアイヌ社会から読み解けるか

次に別の観点から「北海道ではない」理由を述べてみたい。

『日本三代実録』巻三十五、陽成天皇元慶三年（八七九）正月十一日。
「渡嶋夷首百三人。率種類三千人。詣秋田城」

この記事を通説の北海道の「蝦夷《えぞ》」とするならば、当然アイヌということになる。そこで、右の記事を検証するために、アイヌの社会を見てみたい。

アイヌには文字がないため、文献・史料というものが存在しない。唯一口承による叙事詩「ユーカラ」があるだけである。したがって、日本の中近世以降、記録に現れるアイヌの社会を、古代に当てはめることが許されるならば、次のようである。

アイヌの社会は極めて小さなものだった。一戸でも一コタン（部落）であり、普通は五〜十戸ぐらいで二十戸も出るのは稀だった。男子は成人に達すると別居する。コタンはそれぞれ酋長を一人戴いていた。コタンはそれぞれ独立しており、コタンの上の社会組織はなかった。コタン間は普通半里以上あり、海岸や河岸に居を営んでいた。ただし、例外もあり、近世に於いて、数十〜数百人の配下を従えていた大酋長も幾人か見られ（室町時代のコシャマイン・タナサカシ・タリコナ、江戸時代のシャクシャイン・オニビシなどであるが、組織の実態はコタンの連合体――筆者）、また冬期間だけ内陸に大集落を営む場合も稀にあった（『アイヌ政策史』[29]、『蝦夷地』[30]、『新考北海道史』[31]、『新撰北海道史』『新北海道史』など）。

元禄十三年（一七〇〇）の『元禄郷帳』[32]によると、北海道全域のコタンの数が二〇六カ所（ただし、千島・樺太を除く。これには無人部落も多数含まれている）。また、新井白石の『蝦夷志』（享保五年〈一七二〇〉の自序あり）[33]ではコタンの数一一九カ所（ただし、千島・樺太を除く）と記されている。

このうち『元禄郷帳』は実地調査したので、信憑性があると考えたい。

奥山亮氏は『郷土の歴史・北海道編』(34)で、

「アイヌの人口は、日本人渡来以前といえども、おそらく三〜四万人程度であったろう」

と述べている。その根拠の程は知り難いが、古代においても、アイヌ人口は大して多くなかったことは推察できる。

これらのことから推して、『日本三代実録』の夷首百三人とは、すなわち百三のコタンの酋長ということになり、同族三千人を率いて秋田城までやって来た。そうなると一人の酋長が平均三十人（成人男性のみと考えなければならない）率いて来たことになり、アイヌ社会とはかけ離れている。そして、その居住地域の対象は、渡島《おしま》半島全域はおろか、相当広大な地域に求めなければならなくなる。

次に季節であるが、これは正月十一日とある。津軽海峡は、現代においても冬は極めてシケが多い。古代においてはもっと厳しかったのではなかろうか。

慶長十六年（一六一一）、スペイン艦隊司令官ビスカイノの報告（『北方渡来』(35)）では、

「アイヌは七〜八月頃日本に来て交易し、他の季節にはこの海峡は渡れない」

とある。

現代においても、冬場は季節風や潮流の関係で、手漕ぎ舟で海峡を横断することは難しいとされている（気象庁で確認。後出・山際龍太郎氏）。

この風・潮流について、江戸時代津軽海峡を渡海するための教科書とされている前掲の『北海随筆』[36]に次のように記されている。

「江戸より奥州津輕領三馬屋と云所迄行程凡二百二拾里此所にて日和を見合松前え渡海するに東風を順風とするなり。處にて東風をやませと云。此渡り凡八、九里なれども難儀の渡りにて、龍飛《たつひ》、中ノ汐、白髪《しらかみ》とて三流の潮筋あり瀧のごとくにて、風ゆるき時は乗切りかたし、順風を得て乗出れども沖にて風ゆるむ時は潮に流されて南部の沖え漂流する事度々なり。又夏の間は潮おこりといふ事あり。巳の刻よりおこりて未の刻ばかりにやむ。其ありさま海底より潮湧出で、四方より大波もみあはするゆえ、遠くこれを望ば綿絮をちらしたるごとくにて、海面一、二段も高く見ゆるなり。此時に乗懸りたる船は難儀に及ぶ。されども潮おこりにて破舟する事はなしとなり。此渡を過て船着の所は即松前城下なり」

これでも解る通り、津軽海峡を渡海するのに夏場でも難儀する。したがって、冬のシケの多い期間に丸木舟または寄せ集めの板を綱（繊維製）で縫い合わせた手こぎ舟（アイヌには大きな船は無かった）に乗って、三千人が大挙して北海道から秋田城までやって来るなどとは、到底考えられないことである。

これらのことからも、「渡嶋」は北海道ではないのである。

（3）大いなる不思議「貢馬千疋」

もう一つ「北海道ではない」理由を次に掲げる。

『扶桑略記』養老二年（七一八）

「出羽並渡嶋蝦夷八十七人来。貢馬千疋。即授位禄」

出羽国は和銅五年（七一二）に置かれたが、この記事が大きな問題を孕んでいる。

これについて『新北海道史』では、

「出羽ならびに渡島の蝦夷八十六《ママ》人が上京して馬千疋を献じた由が見えている。これによると渡島は出羽に属していたのである。馬はおそらく出羽産のもので、千疋は十疋の誤りであろう」

としている。しかし『扶桑略記』は、「出羽並渡嶋」で〝並〟とあり、「出羽の渡嶋」ではないので「渡島は出羽に属していたのである」というのは無理がある。明らかに出羽と渡嶋を併記しており、同列の扱いである。

そして、「大いなる不思議」は馬に関する見解である。『新北海道史』では「アイヌの家畜は犬以外知らない」としており、当時の北海道には馬の存在は確認できないのである。文献上確認できるのは、江戸時代の元和年間（一六一五〜二三）に、ヤソ会師イタリア人ジェロニモ・デ・アンジェリスとポルトガル人ディオゴ・カルワーリュのそれぞれ二度にわたる蝦夷島探検報告（『北方探検記』所収[37]）である（これについては児玉作左衛門氏も『北方文化研究[38]』で指摘している）。

また、アイヌの丸木舟に馬を乗せ、津軽海峡を渡ったとすることにも無理があるので、「出羽産」としたのであろう。それにしても、簡単に「千疋」は「十疋」の誤りとすることは問題である。しかし、仮に千疋ではなく十疋であったとしても、貴重極まる馬の献上に際して、渡嶋を北海道とするのであれば、馬に馴染みのない、というか取り扱いのできない渡嶋蝦夷がはるばる上京して献上したというのは納得できない。よしんば出羽蝦夷が主役であったのならなおさらのこと、出羽産の馬を献上するということは「出羽蝦夷の大功労」となる出来事である。それなのに馬に関係のない渡嶋蝦夷を併記し、同じく「位禄」（官位と俸禄）を授けるというのはおかしい。これが記述通りの「千疋」であればどうであろう、言うまでもないことである。

『扶桑略記』の記事は、どう見ても出羽と渡嶋は対等の扱いである。

したがって、渡嶋は出羽と同じく馬がいる地域である、と。

これらのことからも、渡嶋は北海道ではなく東北地方の一地域であると考えている。この他にも論証点は数多くあるが、次項以降それらを追々論述することにしたい。

休題―閑話

この項を終えるにあたって、恩師の想い出を記さずにおれなくなった。その方は北海道立江差高校の英語の教師で知里高央《ちりたかなか》先生である。富良野アイヌの酋長の家系と伺っている。言語学者として著名な知里真志保《ちりましほ》博士を弟に、ユーカラの伝承者の知里幸恵《ちりゆきえ》氏を姉に持つ方であった。先生はお酒が大好きで、時々真っ赤な顔で教壇に立っていた。多少ロレツが回らなくても、生徒は誰一人非難したり、からかったりする者はいなかった。それは、ひとえに先生のお人柄による。生徒の悩みを真剣に聞いて、適切なアドバイスをするので、皆に大変好かれていた。外国語は、四カ国語もペラペラ。そして、人間性・博識全てにおいて素晴らしかったのである。

この先生に、私は個人的にアイヌ語やアイヌ社会のことを少しではあるが教わったのである。とかくアイヌ民族を蔑視し、偏見を抱く人もいるようであるが、とんでもないことである。この稿を書いているうちに、楽しかった思い出が甦り、そして先生の在りし日のお姿が目に浮かび、感慨もひとしおとなったのである。合掌。

5　北海道が島であるとの認識はあったか

(1) 大陸に連なる

『諏訪大明神絵詞』(39)（延文元年〈一三五六〉）に、

「蝦夷ケ千島ト云ヘルハ我国ノ東北ニ當テ大海ノ中央ニアリ。日ノ本・唐子・渡党此三類各三百三十三ノ嶋ニ群居セリト云一嶋ハ渡党ニ混ス。（中略）日ノ本・唐子ノ二類ハ其地外国ニ連テ形體夜叉ノ如ク変化無窮ナリ」

とある。この「千島」「三百三十三島」について、『大日本地名辞書』(40)で吉田東伍博士は、「地方とか部落を指す」としている。

通説は、「渡党」は蝦夷地に渡った和人及びアイヌとの混血を指すようであり、「日ノ本・唐子」はアイヌ民族のこととされている。

それでは「その地外国に連なりて」は、どのように解釈しているのか。これについては、はっきりした説はないようであるが、私は大陸に連なっている、つまり大陸の一部であるとの認識を示しているように思っている。

次に、元亀二年（一五七二）の神父ガスパル・ビレラの手紙では（『北方渡来』[41]）、

「日本国の外に二国ある。一をエズと称し（中略）その土地は広大でノバ・イスパニアに達す」

その地はアメリカ大陸に連なっている、と言っている。

また、慶長十四年（一六〇九）にスペイン人ベラスコは（『北方渡来』）、

「蝦夷は島であるか大陸であるかわからない」

と。元和年間（一六一五〜二三）、ヤソ会師イタリア人ジェロニモ・デ・アンジェリスとポルト

ガル人ディオゴ・カルワーリュのそれぞれ二度にわたる蝦夷地探検報告では、共に蝦夷地は沿海州の一部であるという報告をしている（『北方探検記』）。

同書によるアンジェリスの一回目の蝦夷地探検報告（一六一八年）は、

「蝦夷の国は我が［ヨーロッパの］古い地図に描かれているような島ではなくて、大陸であります。西部は韃靼《タルタリヤ》及び中国と、東部はノーヴァ・エスパーニャと連続していて、東方へ伸びる蝦夷の先端とノーヴァ・エスパーニャの先端との間に、われわれがアニアン海峡と呼ぶ分界があるだけでございます。［蝦夷］は非常に大きな国です。」

また、カルワーリュの一回目蝦夷地探検報告（一六二〇年）も次のようである（なお二回目は一六二二年）。

「蝦夷の国土はこの海峡から北方へ伸びて行き、終には大きな韃靼《タルタリヤ》若しくはわれわれの知らない他の大国と続いております。西方へも他の大国に達するまで拡がっています。蝦夷人はその大国に就いての知識を供することができませんが、高麗の国土かまたはそれに隣接する国でなければなりません。」

と。二人は実際に松前（蝦夷地、松前藩城下町）に来て、北蝦夷地のアイヌや松前人から聞き取り調査したものだけに貴重な報告である。

ところが、アンジェリスの二回目（一六二一年）の蝦夷地探検報告では、大陸であるとの認識に変化が見られる。少し長くなるが重要なポイントを述べているのでそれを次に示す。

「（一回目の探検報告書を前置きして）蝦夷が島でないというように小生の心が傾いた理由は、蝦夷の土人達の小生に語ったところに因るのでございます。それは即ち日本人のいる松前から陸路東の方へ行って、東の海岸に達するまでは九十日の路程でありますし、松前の同じ処から陸路西へ向かって進むと、西の海岸へ行き着くまでは六十日の路程であるとのことでありまして、それよりして、小生は蝦夷が島ではなくて、韃靼の末端部だと推定しました。というのは、今までにどの［地理上の］発見に於ても、西から東へ五箇月もその中を歩き通せる程の大きな島が見出されたことがないからでございます。そこで小生は、蝦夷人達がその国土に就いて語るのが真実であるとすれば、蝦夷が島ではなく、韃靼末端の岬である方が確からしいと考えたのであります（路程を誤認したため蝦夷地が巨大面積になった——H・チースリク）」。

また他面からは、正しく島であるとする次のような諸理由がございます。（長くなるので要約文―H・チースリク）第一に、西岸には干満のある強い流れがあり、これは普通の河川である筈がなく、海流であるといっている。第二に、アイヌの習慣、特に政治的、社会的組織が全く存しないことは、大陸の韃靼人や中国人と対照的で、蝦夷はアジア大陸とは何等の文化交流をも行っていないといえる。こうした地理学的民族学的考察から、蝦夷は島に違いないとの見解に傾いている。」

そして、アンジェリスはこの報告書と共に一葉の蝦夷地図を法王庁に提出している。その地図は蝦夷地が巨大な島として描かれていた（本州・九州・四国を全て併せた面積より大きい）。この地図は同じ頃日本に来ていたポルトガル人の地理学者・イグナシヲ・モレーラ作成のものと考えられているようである（『北方探検記』）。

（2）島の初見

一方、島として示された文献に、『海東諸国紀』(42)がある。この書は李氏朝鮮の外交を担い重鎮でもあった申叔舟が一四七一年に著わしたもので、朝鮮人から見た日本の地志・歴史が克明に記されている。この中の「日本本国之図」に「夷島」として北海道が描かれている。これについて、秋岡武次郎氏は『日本地図史』(43)で、

「夷島（北海道）が別島として記載されたのはこの地図が最初である」

と、言っている。

このように、室町時代初期から江戸時代初期に至るまでは、蝦夷地すなわち北海道が、大陸の一部であるとの認識もあれば、正確に島であるとの認識もあったようである。

しかし、江戸時代初期においても、このような認識の度合いであったことから類推すれば、古代においては、おそらく北海道を大陸の一部だと思ったのであろう。そこに住む人々が和人と全く異なった風貌をしていたら、〝さてはこれは中国の文献に出てくる辺境の蛮人・粛慎であろう〟と思ったことは想像に難くない（この頃中国では、沿海州地域に住む部族を総称して靺鞨と呼んでいた）。私はこのように推察する。つまり、この当時北海道に対して、アイランド（島）としての認識はなかったのであろう、と。

6　渡嶋の語源

ところで、渡嶋の「島」の概念は、本来の島（アイランド）と考えなくとも、交通の不便な地、船でなければ行きにくい地を島と考えたことは、現在でも「陸の孤島」といっていることと同じである。自分の縄張り、ヤクザの「シマ」も同じである。また、「渡」地名遺称を調査していて解ったことであるが、信州の妻籠では平地を「島」と言うそうである。

「渡嶋」の語源について、古田武彦氏から論旨の要ともなるべき貴重なご教示をいただいた。

それは、

島に渡るから「渡嶋」であるならば、日本中渡り島だらけになる。「渡」の本来の意味は違うのではないか。この「渡」の字にだまされている可能性がある。具体的には、

(1)「渡《わたり》」の意

「ワ」は、上原《わっぱら》遺跡（ストーンサークル、長野県）・諏訪《すわ》（長野県）・三輪山《みわやま》（奈良県）・丹羽《にわ》（愛知県）・淡路《あわじ》（兵庫県）などに見られる「ワ」であり、祭り（祀り）の場を表わすの意。

「タ」は、大きいの意。

「リ」は、曲《まがり》遺跡（福岡県）・尖《とがり》遺跡（長野県）・吉野ヶ里（佐賀県）などの「リ」であり、場所・拠点・聚楽の意。

つまり、「ワタリ」とは〝祀りを行う大いなる拠点〟の意である。

(2)「嶋（島）」の意

九州大学の地質学部の調査で、あの「志賀島の金印」で有名な志賀島と同じ福岡県の糸島

半島は、ボーリング調査の結果、海だった痕跡が認められなかった。つまり、島が陸にくっついたのではなく、初めから陸であったそうである。そのことから、「島」の字にはアイランドのほかに別の意味があった。それは、「シ」は「人の生き死に」のシであり、「マ」は本来の意味は別にあったと思われるが、接尾語である。したがって〝人が生き死にする場所〟を「シマ」と言った。

とのことである。志賀島と博多を結ぶ細長い回廊状の地形を見ると、誰しも島が陸にくっついたと思うことであろう。これは驚きである。日本全国には他にもあるのではなかろうか。「島」の字が付いているから、かつては島だったと思うことが間違っていたのだ。

そして「渡嶋《わたりしま》（島）」と言う地名は、六国史に出現する以外の他所に、管見の限り見当たらない。「島に渡る」の意味合いの地名遺称は全く無かったのである。まさに古田氏ご指摘の通りであった。

なお『角川日本地名大辞典』(44)の「小字一覧」に、長野県・静岡県に各一カ所、他に北海道の地名の中に一カ所、読み方および意味合いが異なる「渡島」の地名があった（『角川』の北海道には「小字一覧」は収録されていないが、渡島《おしま》半島以外にあった）。これについては〈「渡」の地名遺称〉の項を参照していただきたい。

ところで、『古事記』『日本書紀』の「国生み神話」は、「大八洲」について『古事記』は「島」、『日本書紀』は「洲」と書かれていた。これについて古田氏は、「洲」は「クニ」と読み「一地域・一地点を現す」。これは「島生み神話」ではなく、「国生み神話」である。そして、島の語源・用法から考えると『古事記』の「島」は、『日本書紀』の「洲」と全く同じ意味、同じ用法であり、「一地域・一地点を現している」と。つまり、古代においては「島」の意味には、本来のアイランドの他に、地域・地点の意味があったのである。

以上のことからも、渡嶋は北海道ではなかったことに確信を持つに至った。

7　渡嶋東北説について

(1)　東北地方総称説

津田左右吉博士は『日本上代史研究(45)』で、

「渡島は其の言葉からみると、齶田・渟代・津軽のような本来の固有名詞ではなく、此等諸部落の総称として解しなければならぬようである」

と述べている。そして、この見解を田名網宏氏・坂本太郎氏（『日本書紀と蝦夷』[46]）らも支持している。

しかし、私はこれら地域の総称ではないと考えている。その理由は以下の通りである。

(1)『続日本紀』養老二年（七一八）の条

「出羽並渡嶋蝦夷八十七人来。貢馬千疋。即授位禄」

とある。これについては前述したように「出羽並渡嶋」であるので出羽と渡嶋を併記している。

(2)『日本三代実録』元慶二年（八七八）の条

「且津軽渡嶋俘囚等所請之事」

津軽渡嶋の俘囚等とあるので、ここでも津軽と渡嶋を併記している。

(3)同書元慶三年（八七九）の条

「渡嶋夷首百三人。率種類三千人。詣秋田城。与津軽俘囚不連賊者百余人。同共帰慕聖化」

とあり、ここでも「同じく共に聖化を帰慕す」としており、渡嶋と津軽を併記している。俘囚というのは、蝦夷で大和朝廷に帰順した者を指している。

(4)「藤原保則伝」

「自津軽至渡島」

と。「津軽より渡島に至る」であり、「渡嶋」は明らかに一つの地域・固有名詞である。それも津軽に隣接していると考えられる。津軽は渡嶋の一部ではない。

私は、諸氏が述べられているように、「渡嶋」をこれら地域の総称と考えるべきではなく、一固有名詞であると考えたい。

(2)　その他の東北説

寅尾俊哉氏はその著『律令国家と蝦夷』[47]で渡嶋について、

「北海道の渡島《おしま》地方という説もあるが、一方、日本海側の海岸からわずかに離れた小さな島かもしれないし、また、陸地から離れて四方を海でとり囲まれているような場所でなくても、半島や岬の先端などでも島と呼ばれる可能性がある」


と、渡嶋を北海道とすることに疑問を呈している。ただし、その比定地は特定していない。

また、田名網宏氏の秋田城近辺説[48]、村尾次郎氏の秋田・能代・津軽地方総称説[49]もあった。

松原弘宣氏は『日本古代水上交通史の研究』「渡嶋津軽津司について[50]」で、

「渡嶋とは齶田・渟代地域にほかならないといえる」


として渡嶋は現在の秋田・能代地方を比定している。

そして小口雅史氏は、『文経論叢[51]』で、

「津軽というのは一般に半島南部のことであって、半島北部は中世に至ってもまだ津軽の内ではないと解せられるのではなかろうか。したがって半島北部に渡嶋の一部を想定する余地は十分にあるように思うのである」

としていて、渡嶋の地は鎌倉時代に言うところの津軽半島北部・東部の西浜・外ヶ浜と渡島《おしま》半島に跨る地域を想定している。

しかし私は、これらの東北地方総称説、秋田説、津軽半島北部・渡島半島に跨る津軽海峡説にも同意しない。

また、小口氏以外にも津軽海峡説があるようであるが、私は論考を見ていないのでコメントは避ける。これについては小口雅史氏の『渡嶋再考』[52]に詳しいのでご参照いただきたい。

いずれにしても、「渡嶋」研究者の中で、管見の限り宇曽利・糠部の青森県東部地方を比定している人はいない。この地方が全く欠落しているのである。これについては次章で詳述することとする。

そして、この六国史記載の当時、津軽地方へ行くには、比較的早くから開発されていた日本海側の海路をとった。

人々の移動は、日本海側の信濃川・阿賀野川流域の越後平野、最上川流域の庄内平野、雄物川流域の秋田平野、能代川流域の能代平野、そして岩木川流域の津軽平野と、更にその、東側にある「渡嶋」へと、船で飛び飛びに渡って行った。

大和朝廷の東国での行政範囲は、和銅五年（七一二）に出羽国が置かれるまでは、越国（越前・加賀・能登・越中・越後の総称で、七世紀後半以後順次分国）までである。

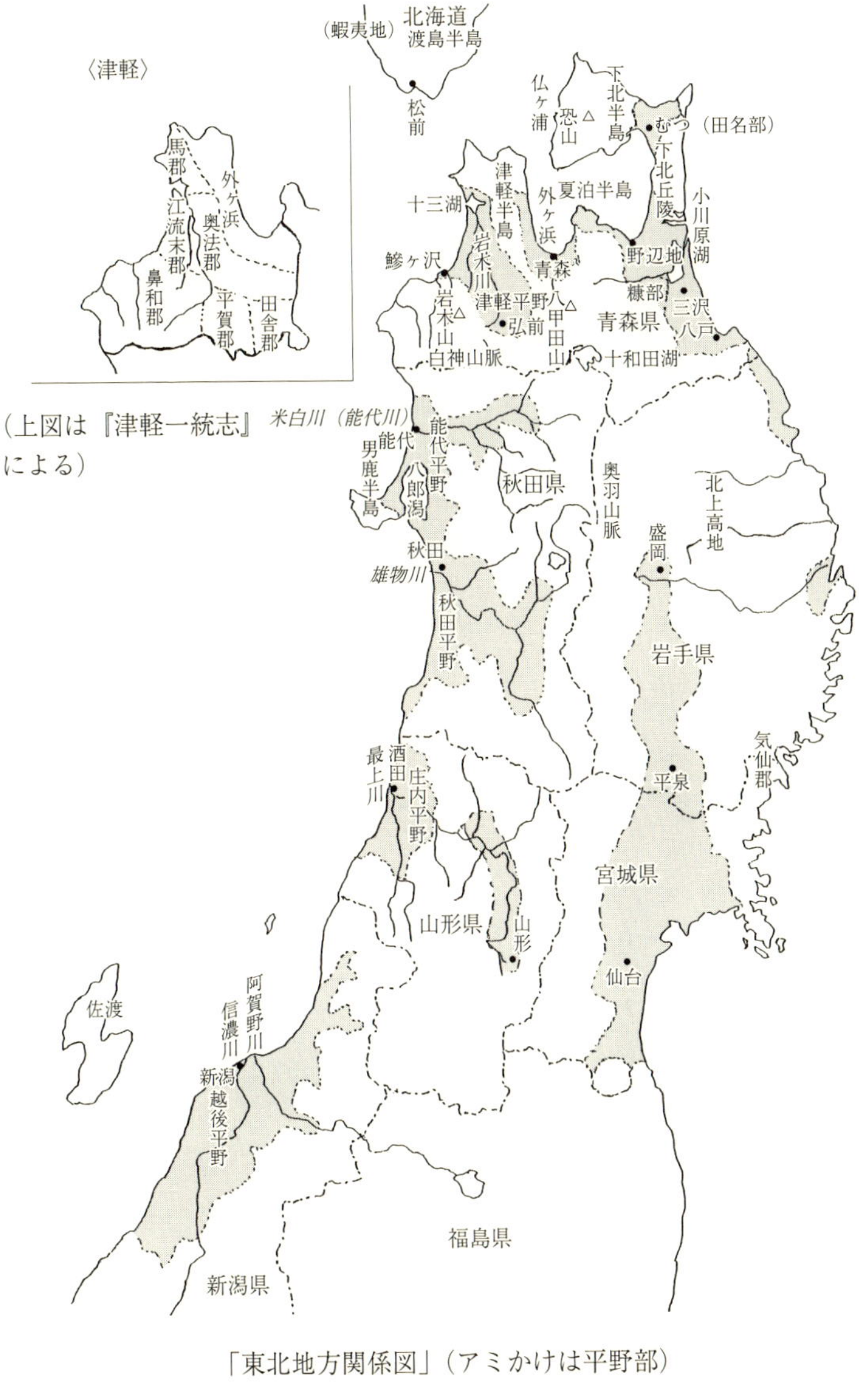

（上図は『津軽一統志』による）

「東北地方関係図」（アミかけは平野部）

そのことから、「持統紀」の「越度嶋《こしのわたりのしま》」の謂われについて、私は当初、大和朝廷の最前線「越国」から船で渡る地域であるから、と単純に考えていた。しかし、実はそうではなかったようである。前述したように「渡」の語源が違っていた。これは、「越国の行政区域の渡嶋」という意味になるであろう。

なお、斉明天皇七年七月（六九二）に渟足柵《ぬたりのき》（のちの越後国内）が置かれたが、この当時の列島の支配者は九州王朝であるので、この時代であればここは大和王朝が築いたのではなく、九州王朝が築いた蝦夷国《えみしのくに》攻略の最前線と見るべきである。

注

（1）第二巻通説一。

（2）『蝦夷志』新井白石著　享保五年の自序あり（新井白石全集　第三集所収）。

（3）『松前志』松前広長著　天明元年　全十巻松前藩の地志　北海道庁所蔵。

（4）『休明光記』羽太庄左衛門正養著　寛政十一年〜文化四年までの記録（『新撰北海道史』第五巻史料一所収）。

（5）『蝦夷草紙』最上徳内著　寛政二年　続編は寛政十一年作。

（6）『三国通覧図説』林子平著　天明五年（林子平全集第二巻所収）。

（7）『渡嶋再考』小口雅史著　二〇〇〇年（『国立歴史民俗博物館研究報告』第八十四集所収）。

（8）『日本書紀』坂本太郎・家永三郎・井上光貞・大野晋　校注　一九九五年　岩波書店　訓み下し文は岩波文庫本による。ルビは一部引用。
（9）『続日本紀』直木孝次郎編　東洋文庫。
（10）『日本後記』（『国史大系』第三巻　黒板勝美編　一九五二年　吉川弘文館）。
（11）『続日本後紀』（『国史大系』）。
（12）『日本文徳天皇実録』（『国史大系』）。
（13）『日本三代実録』（『国史大系』）以上が六国史。
（14）『扶桑略記』（『国史大系』）。
（15）『日本紀略』（『国史大系』、六国史やその他文献の抄出本）。
（10）『續群書類従』「藤原保則伝」塙保己一著　（一九〇四年　経済雑誌社）。
（11）「愛発関《アラチノセキ》」—越前の愛発山の辺りにあった関。古代の北陸道の要衝。七八九年廃す。
（12）「不破関」—岐阜県不破郡関ヶ原町にあった関所。近江京防衛上東山道を扼するために置かれた。
「鈴鹿関」—七〇一年開設。伊賀・伊勢・近江の国境にあって、東西の要衝に当る。三重県鈴鹿郡関町の南方、大字関台の辺りが遺址だという。七八九年廃止。（『広辞苑』）。
（13）『宋書』「倭国伝」　南朝宋の事跡を記した史書　倭国のことが記されている　五世紀成立　沈約撰。
（14）『法隆寺の中の九州王朝』—古代は輝いていたⅢ　古田武彦著　一九八八年　朝日文庫。
（15）『上宮聖徳法王帝説』（『群書類従』伝部所載　八世紀後半成立）。

(16)『館址』江上波夫ほか東大東洋文化研究所編　一九五六年　東京大学出版会。
(17)『古代蝦夷《えみし》とアイヌ』金田一京助の世界2　工藤雅樹編　二〇〇四年　平凡社ライブラリー。
(18)『本州に於ける蝦夷の末路』喜田貞吉著　一九二九年　東北文化研究所編。
(19)『津軽一統志』享保十二年津軽藩儒喜多村校尉が企画し、校尉死亡後、桜庭半兵衛・伊藤八右衛門・相坂兵右衛門が引き継ぎ享保十六年完成。津軽藩の官撰書。
(20)『津軽藩庁日記』(『弘前藩御国日記』および『弘前藩御江戸日記』として、寛文元年〈一六六一〉~慶応四年〈一八六八〉の約二〇〇年間の記録。原本は弘前市立図書館所蔵。活字本は『だれでも読める弘前藩御日記　寛文編』田澤正編　一九九四年　新つがる企画)。
(21)『蒲生氏郷記』(『史籍集覧』所収　一九六七年　臨川書店)。
(22)『南部根原記』(『南部叢書』所収　一九二八年　南部叢書刊行会)。
(23)『むつ市史』原始・古代・中世編　江坂輝彌監修・橘善光著　一九九四年　むつ市。
(24)『北海随筆』坂倉源次郎著　元文四年(一七三九)(『日本庶民生活史料集成』第四巻所収　高倉新一郎編　一九六九年　三一書房)。
(25)『蝦夷』(日本歴史叢書2所収)　高橋富雄著　一九六三年。
(26)『東日流外三郡誌』秋田孝季・和田長三郎吉次・和田りく〈吉次の妻〉の三人で編纂した寛政年間本の明治写本をもとに、小舘衷三・藤本光幸編　一九八三年　北方新社　二〇〇六年末、寛政原本発見・公開された。
(27)『和田家文書』文政年間(一八二九)~昭和七年(一九七二)に至るまで、初代和田長三郎吉次―長三郎基吉―長三郎権七―長三郎末吉―長作の五代に渉って書き継がれてきた和田家門外不出の文書。『和田家資料1～4』1は一九九二・2は一九九四・3は二〇〇六年・4は二〇〇七年出版　藤本光幸編　北方新社。
(28)「言素論」古田武彦著（『多元』No.58―二〇〇三年十一月から連載中　多元的古代研究会編）。
(29)『アイヌ政策史』高倉新一郎著　一九四三年　日本評論社。
(30)『蝦夷地』高倉新一郎著　一九五九年　至文堂。
(31)『新考北海道史』奥山亮著　一九五〇年　北方書院。
(32)『元禄郷帳』元禄十三年（一七〇〇）吉田作兵衛の調査により作成。松前藩主短広幕命により『御国絵図』と共に幕府に献上した。写本北大図書館所蔵。
(33)『蝦夷志』新井白石著　享保五年の自序あり（新井白石全集　第三集所収）。
(34)『郷土の歴史・北海道編』奥山亮著　一九六〇年　宝文館。
(35)『北方渡来』所収　元木省吾著　一九六一年　時事通信社。
(36)『北海隨筆』坂倉源次郎著　元文四年（一七三九）（『日本庶民生活史料集成』第四巻所収　高倉新一郎編　一九六九年　三一書房）。なお、後出・鬼柳恵照氏に同書の存在をご教示いただいた。
(37)『アンジェリス・カルワーリュの報告』元和年間、それぞれ二度にわたる蝦夷島探検報告（『北方探検記』所収　H・チースリク編　一九六二年　吉川弘文館）。
(38)『北方文化研究』児玉作左衛門著（前掲『文経論叢』所収）。
(39)『諏訪大明神絵詞』諏訪神社神官小坂円忠著　延文元年（諏訪史料叢書巻二所収）。
(40)『大日本地名辞書』吉田東伍著　一九〇九年。

(41) 注(35)に同じ。
(42)『海東諸国紀』申叔舟著　一四七一年(田中健夫訳注　一九九一年　岩波文庫)。
(43)『日本地図史』秋岡武次郎著　一九五五年　河出書房。
(44)『角川日本地名大辞典』一九八五年　角川書店。
(45) 序の注(8)に同じ。
(46)『日本書紀と蝦夷』坂本太郎著(古代史談話会編『蝦夷』所収　一九五六年　朝倉書店)。
(47)『律令国家と蝦夷』寅尾俊哉著　日本史教育研究会編　一九七五年　評論社。
(48) 序の注(9)に同じ。
(49) 序の注(10)に同じ。
(50) 序の注(11)に同じ。
(51) 序の注(12)に同じ。
(52) 第一章1の注(7)に同じ。

第二章　渡嶋の比定地

1　地獄と天国の地「恐山・仏ヶ浦」

青森県は、中心に奥羽山脈の北端に位置する八甲田山系の深い山脈があり、日本海側が津軽地方で、鎌倉時代の行政区域で言えば鼻和・平賀・田舎・山辺の四郡と西浜・外ヶ浜を加えた地域である。また、前掲江戸時代の『津軽一統志』では、内三郡（鼻和・平賀・田舎）・外三郡（馬・江流馬・奥法）・外ヶ浜となっており、津軽半島から津軽平野の辺りを言う。さらに前掲の『東日流外三郡誌』第一巻「五畿王七道一族落記」に、津軽は「東日流六郡二浜（注、外三郡・内三郡・西浜・外ヶ浜―筆者）之国と号す」とある。

そして太平洋側が、宇曽利（下北半島・旧下北郡）・糠部（旧上北郡・旧三戸郡、及び現在東津軽郡の夏泊半島の平内町を含む地域。なお、岩手県の二戸郡・九戸郡もかつては糠部に含まれていた）地方である。

それでは、具体的に両地域を見てみたい。

津軽地方は、『十三往来』[1]でもその繁栄ぶりが記されている十三湖をもち、岩木川流域の富裕の地に恵まれていた。亀ヶ岡の遮光《しゃこう》器《き》土《ど》偶《ぐう》の地であり、弥生時代の砂沢・垂柳水田遺跡の地でもある。また、最近明らかにされた「三内丸山遺跡」（青森市、紀元前三五〇〇～紀元前二〇〇〇年）でも、この地の歴史の重さが解るであろう。南は、白神山地で能代地方（渟《ぬ》代《しろ》蝦夷《えみし》の居住地）と隔たり、もう一方の陸路つまり東は奥羽山脈最北端の八甲田山系で、宇曽利・糠部地方と隔たっていた。

ここは、『東日流外三郡志』でもその繁栄ぶりがことさら強調されている「日ノ本将軍」安倍氏、のちの「蝦《え》夷《ぞ》管領《かんれい》」安東氏の国である。また、古田武彦氏が言う「東北王朝」[2]の中心地である。

それに対して、下北半島の半島部は恐山山地といわれる山岳地帯で、平地が極めて少ない。恐山《おそれざん》（宇曽利山とも言う）は、イタコ信仰でも著名である。

なお、巫女であるイタコは、昭和二十八年の調査によると、青森県下一円に居る中で、特に糠部の八戸市・三戸郡・上北郡に圧倒的に多く居住し、恐山の祭礼時には恐山に集るのだという（『青森県史』民俗編[3]・『むつ市史』民俗編[4]）。このことからも、宇曽利と糠部が一体であったことを垣間見ることができる。

『むつ市史』民俗編所収『宇曽利百話』によると、

「恐山は硫黄山で、古くは百三十六ヵ所で瓦斯を噴き、俗に百三十六地獄と称したが、硫黄採掘の開発のため、地獄の鳴動噴出共に激しく弱まり、或は殆ど停止して、現在は僅か三十ヵ所に減じている」

という。

『恐山パンフレット』によると、

「恐山にある恐山菩提寺は、今を遡ること千二百年前、慈覚大師円仁による開基」

としている。

また、『下北半島三十三ヵ所観音霊場巡り(5)』によると、

「恐山は比叡山、高野山とともに日本三代霊場の一つに数えられる本州最果ての秘境。宇《う》曽利湖《そりこ》の周りに八つの霊峰がそびえ、湖のほとりに恐山菩提寺が鎮座している。この一帯を

恐山と呼び、あちこちに湯煙《ゆけむり》と硫黄《いおう》がたちこめ、地熱で焼けただれた岩石や積み重ねられた小石、カラカラ回る風車《かざぐるま》と不気味な風景が迫りくる。湖の周囲には高山植物が自生し、六月になるとシャクナゲが咲き乱れるなど、登山者は自然がつくり出した地獄と極楽の風景に心を奪われる」

とあり、何とも素晴らしい描写である。

そしてまた『下北文化誌』[6]にも、

「火山の爆発で地形が変化し、硫黄のにおいが強く鼻をつく。あたかもあの世の空間を思い浮かばせる風土条件なのだ。そうした自然のおりなす山容に、死者の霊魂が行き着く場所であるとするのも当然であろう」

と記されている。

私は、二〇〇六年十月二十九日～三十日、下北半島を訪れた。同郷の幼友達で親友の細川孝行君（東京在住）の運転で、そして細川君の友人の小倉英夫氏（東京在住）もご一緒して戴いた。

恐山は現在でも数カ所からガスが吹き出ていて、硫黄の匂いも凄まじい。辺り一面硫黄の岩肌、荒涼とした賽の河原《さいのかわら》、ここに佇むと背筋が寒くなるほど薄気味悪い。硫黄採掘がされていなかった時代の景観は、いかばかりであったか。

この不気味極まるおどろおどろしい灼熱地獄《しゃくねつじごく》の世界を思わせる光景と、穏かな微笑をたたえる宇曽利山湖は、古代人にとって霊山であり、古田氏にご教示いただいた「ワ・タ・リ」すなわち〝祭り（祀り）を行う大いなる拠点〟そのものである。そして「死者の霊魂が行き着く場所」とは、この「シマ」の語源〝人の生き死にする場所〟そのものではなかったか。

また、下北半島の西海岸に、恐山の奥の院とも称されている「仏ヶ浦《ほとけがうら》」がある。海岸線に二キロにわたって、そそり立つ奇岩・怪石のおりなす景観は、まさに言語を絶する。訪れる人を極楽浄土の地と魅了する素晴らしい景勝地である。旧石器・縄文・弥生人は、巨石を信仰の対象としたことは言を待たない。古代人にとっては、この仏ヶ浦はあたかも天上界を思わせる霊地であり、ここも「ワ・タ・リ」だった、と思うのである。

この地は、テレビやパンフレットで見るのと、現地に赴き実際に目で確かめるのとは大違いである。日本にこのような所があったのかと思い知らされた。実に素晴らしいの一語で、圧倒された。幸にも好天に恵まれ、〈ナギ〉であったので上陸できた。観光船から降り立った一同、ただただ呆然、皆「ハァー・ホォー」と発したきり、あとの言葉を失ったようである。決して大げさではない。ここから対岸の北海道の恵山《えさん》・恵山岬・函館山、そして津軽半島が望見でき

「太鼓橋」と三途川（恐山菩提寺入口）

恐山菩提寺

恐山「無間地獄」

る。

このように、地獄と天国が一体となっている所が宇曽利（下北半島）である。『むつ市史』（原始・古代・中世編）(7)によると、下北半島が文献資料の上で初めて登場するのは、『陸奥話記』である。それには、

「天喜五年（一〇五七）秋九月。進国解言上誅伐頼時之状。偁。臣使金為時毛野興重等甘説奥地俘囚。令興官軍。於是鉋屋仁土呂志宇曽利合三部夷人安倍富忠為首発兵」（傍線筆者）

と、宇曽利が出現している。そもそもこの地名について、いつから言われていたのか定かではないが、「ウソリ」の言葉から見ると古代からの地名と思われる。

ちなみに、「ウソリ」の語源についてであるが、「これはアイヌ語で〈湾とか入り江の意味〉という地名伝承がある」(8)。また、「〈ウソリ〉がなまって〈オソレ（恐れ）〉になった」(9)。あるいは、「〈恐山〉という呼称になったのは、里人たちが、生物をも枯らす硫黄のすさまじさに、恐怖心を抱くとともに、山中他界観による死後の世界にふさわしい霊山としてイメージしたからではなかろうか」(10)と言われているが、この語源についてははっきりしていない。

この「ウソリ」と「オソレ」について、山野びっき氏(11)より次のご教示をいただいた。それは、

「アイヌ語と沖縄語は近く、沖縄語の母音は〈ア・イ・ウ〉の三音で、〈エがイ〉〈オがウ〉に置き換えられるので、沖縄語で〈オソレ〉は〈ウスリ〉と発音し、大和人には〈ウソリ〉に聞こえる。従って、〈ウソリ〉と〈オソレ〉は転訛の可能性があり、同義語ではなかろうか」

とのこと。いずれにしても、「ウソリ」が「オソレ」であったとして、一方「オソレ」と「ワタリ」は関連があるのかどうか。これについてであるが、「恐ろしい所」と「祀りを行う大いなる場所」との意味合いはあるが、「オソレ・ウソリ」の言語学上の検証を、もっと極めなければならないであろう。なお、「ワタリ」がアイヌ語であるのか否かについては、「渡」地名遺称の項で論述する。「ウソリ」は先住民族と考えられる靺鞨語の可能性もある。今後の研究課題としたい。

そして、高瀬川・小川原湖のある野辺地・三沢・八戸の糠部地方は、西の陸路は奥羽山脈北端の八甲田山系に、南は奥羽山脈・北上高地に阻まれていた。そのため宇曽利・糠部地方への交流は、内陸部からよりも、日本海側越国から海路津軽経由で行われることの方が多かったのではなかろうか。北上して来た九州王朝、またその後の大和朝廷勢力にとっては、本州最果ての地で、しかも文化も風習も全く違うと思われることから、あたかも魑魅《ちみ》魍魎《もうりょう》・百鬼が棲む恐ろしい未開の土地と映ったに違いない。そして、周辺地域と隔絶した文字どおり陸の孤島でもあった。

津軽から宇曽利・糠部地方への交通の便は、津軽半島から対岸の宇曽利へ舟で渡るのが最も近道なのである。「ワタリ・シマ」と言われた現地呼称を、都人は島であると思ったのではなかろうか。

私は、二〇〇六年八月六日、夏泊半島の夏泊崎から下北半島を望見した時、まさに驚きの極みであった、下北半島が全く島に見えたのである。マサカリ型の半島部だけが見え、柄に当る部分が全く見えなかったのである。これは津軽半島から見たならば尚更のことであろうと思った。このような地形からも島の字を充てた可能性も否定できない。

しかし、このような要因が考えられるにしても、「渡」地名遺称の項で詳述するが、ここは「渡文明」の地であったのである。そのため前述の「ワ・タ・リ・シ・マ」の語に「渡嶋」の字を充ててしまったと見なしたい。

ここは、最も遠国であったがゆえに、平安時代中期に至るまで大和朝廷に服属せず独自の政治形態を保っていた。このことは、『日本三代実録』元慶三年（八七九）の「夷首百三人」の記事を裏付けるものであろうと思っている。また『東日流外三郡誌』にも、当時この地域中心のまとまった権力の記載はないが、六国史に見られるとおり、大和朝廷にとっても、周辺地域の蝦夷《えみし》勢力にとっても相当手強かったことが窺える。

2 「津軽」と「宇曽利・糠部」の対立の構図

前掲『東日流外三郡誌』に、ツングース系民族の粛慎族の「阿蘇辺族」が津軽地方に、一方同じツングース系民族の靺鞨族である「津保化族」が宇曽利・糠部地方にやって来てこの地に定着し、両民族が絶えず戦争に明け暮れていたことが記されている。また、巌鬼山（岩木山）の噴火により阿蘇部族の故地が失われ、それに乗じた津保化族がこの地を支配したとも記されていた。この後、神武に追われた（事実は博多湾岸からニニギノ尊に追われた――古田説）安日彦・長髄彦兄弟がこの地を制圧し、両民族共にその支配下に入り、中国大陸や朝鮮半島から戦乱を避けてやって来た人々とも混血して荒覇吐《あらはばき》族になったと記されていた。

これにより、既存の史書には全く見ることが出来なかった青森県の「超古代」の驚愕の歴史を知ることになったのである。

ここに、宇曽利・糠部が地盤の津保化族、対する津軽が地盤の阿蘇部族、との両地域における「対立の構図」の幕開けとなった。次いで津保化族対津軽を地盤とした安日彦・長髄彦一派との対立が見られる。

そして、拙論の赴くところ、「渡嶋」の語が存在していた七～九世紀の間は、渡嶋〈宇曽利・糠部〉と津軽との対立があり、渡嶋の語が文献〈『日本紀略』寛平五年〈八九三〉〉から消える十世紀以降、渡嶋地方は津軽の安倍・安東氏の支配領域となった。

その後、鎌倉時代になると糠部に甲斐源氏武田氏の一族南部《なんぶ》氏が入ってから〈入部の時期については、源頼朝より奥州合戦の勲功の賞として糠部を拝領したとする説や、鎌倉末期に北条氏の地頭として入部したとする説もあり確定していない〉、この両地方は再び騒擾の地となる。つまり、室町・戦国時代には宇曽利・糠部地方が地盤の南部氏と、津軽が地盤の安東氏との争乱の歴史がある。

そしてまた、織田・豊臣時代になると南部氏より独立を図った津軽氏との壮絶な戦いもあり、これにより後々まで南部・津軽の両藩に禍根を残し、文政四年〈一八二一〉には南部藩士相馬大作〈本名・下斗米秀之進将真《しもとまいひでのしんまさざね》〉による津軽藩主寧親暗殺未遂事件も発生している。

この両地方における古代からの対立の構図こそが、私にとって小論執筆へ執念を燃やし続けた基の一つでもあった。

なお余談ではあるが、私が東京大田区で学生時代一年間この下斗米将真のご子孫の家に間借りさせていただいた。ご主人は、内に秘めたる気骨・反骨精神が旺盛で、ご先祖の血を受け継がれたことを彷彿させる素晴らしい方であった。何とも不思議なご縁でもある。

いずれにしても、これらの歴史上の確執からか、青森県の人には悪いが、現代においても両地域の人は仲が悪い、と言うことがつとに知られている。同じ青森県にありながらも、文化も習慣も人々の性格までも違うと言われている。

そして、今でもよく青森県東部地方の人が何か言ったり、ことを起こすと、西部地方の津軽の人は「あのツボケが」と言って、蔑んだりバカにしたり、あるいは敵対視するそうである。近世までの青森県は、決して一つではなかった。

これらの「対立の構図」を見ると、古代における部族間抗争が執念深く引き継がれており、人の心にこもる怨念の怖さを感じてならない。

『続日本紀』養老四年（七二〇）の記事「渡嶋津軽津司」は、この対立の構図を解消すべく、渡嶋と津軽を一つに纏めた大和朝廷の行政区画と見るべきで、現在の青森県全域と岩手県の二戸郡・九戸郡を加えた地域と考える。津の政庁が置かれた所は、外三郡《そとさんぐん》の十三《とさ》湊《みなと》附近か外ヶ浜の青森市附近ではなかろうか。

3　南部馬と「大筏伝承」

糠部地方は古代より日本列島屈指の南部馬の産地として有名である。『青森県史』（資料編考

古3)[12] によると、

「『弘仁式』『延喜式』の主税式には、〈駅馬〉の価格が定められており、陸奥国産の馬の価格は、上馬・中馬の場合、同じく良馬の産地とされる出羽・信濃・常陸・下野の各国で産する馬より約二割も高かったことがわかる」

とある。つまり日本一高価だったのである。また、この南部馬に関しての論は、入間田宣夫氏著『糠部の駿馬』[13]に詳しい。

余談になるが、土佐藩初代藩主山内一豊の出世物語として人口に膾炙しているお話。NHK大河ドラマ「功名が辻」(司馬遼太郎原作)でも有名になったかの一豊の妻・千代が、嫁入りの際の持参金・黄金十枚(十両)で買い求めた名馬は〝南部馬〟であるという。

そこで話は元に戻るが、前述した『扶桑略記』養老二年(七一八)の条の、

「出羽並渡嶋蝦夷八十七人来。貢馬千疋。即授位禄」

この記事が重要なポイントになって来る。

それではこの地域にいつ頃から馬の存在が確認できるのかについて述べると、考古学上の遺物として、飛鳥・奈良時代の古墳や遺跡（八戸市丹後平古墳群から轡・馬の骨、七戸町貝ノ口遺跡から鉄製壺鐙など）の九ヵ所から馬具・馬の骨が出土している（前掲『青森県史』資料編考古3）。

そして、『東日流外三郡誌』（第一巻古代編）「津保化族伝話」に、馬に関する驚愕の歴史が隠されていた。それは、

「津保化族なる祖に於いては、阿蘇辺族なる移り民ぞ渉りき不解氷の世になる同族なりと曰ふも、北をさしゆけし民にて、氷国（角陽国とも言う。米大陸アラスカ、地図上に記されている）永住の民なれど、故地にもどらむとて立寄りき民なり。而れども、東日流《つがる》に至りては豊かなる狩猟及び森林の多ければ、故地への帰らむを諦らむや、是の地に永住を定めたり。（中略）津保化族なる意にして、都母族、ヌップ族とも曰ふなり。今にして遺れるヌカンヌップ即ち糠部、都母らなる地ぞ、東日流侵駐前なる津保化族の居住地なり。（中略）いかでやその国を棄ていでたる都母人。尋ぬらば、はるけき太古に、祖々の渉りき故国、西に在りとて伝ふるに、そを見届けなむに氷海千里の旅ぞ冒したるに、着たる国ぞ東日流宇曽利の地なりと曰ふ。移りきときに於いてをや、島なす大筏を組にして、馬を積み、海漂八十五日を経むに、飢もせず、乗人死もせず安着せし処をヌカンヌップ即ち、都母と称し、自らを津保

化族と号せしは、故土の称なりと曰ふ。（中略）依て、東日流に移駐せしは、阿蘇辺族西より、津保化族東より来たる民なり」（カッコ内・ルビ・傍線―筆者）

とあり、馬は津保化族がアメリカ大陸から大筏で運んで来たものだとしている。

これについて、この記述を検証するため、私は二〇〇六年七月六日気象庁に出向き、海洋気象情報室調査官・山際龍太郎氏に面会した。

『東日流外三郡誌』の記述は伏せて、筏でアラスカの南端部からアリューシャン列島・千島列島沿いに親潮に乗ると、初めに行き着く先はどこか。また、どのくらいの日数で来れるのか、とお尋ねした。

山際氏のご教示によると、

「船出の時期による。風の強い季節は北海道の根室付近に漂着する。風の弱い夏場六月の船出であれば、親潮は千島列島や北海道沿岸部よりはるか沖合いを流れるので、北海道には漂着せず八月に岩手県三陸海岸着。七月の船出であれば九月に青森県東部沿岸着。約三カ月で来れる。このことは、六月～八月は〈津軽暖流〉の力が強く親潮が沖に流されるので三陸海岸となり、九月になるとこの力が弱まるので、下北半島以南青森県八戸附近（糠部地方）となる。その場合筏でも可能であり、帆船でもさほど変わらないのではないか。」

とのこと。また、期間三カ月の根拠についてお尋ねすると、

「海流の速度は一ノットで毎秒〇・五メートル。人がゆっくり歩く速度。〇・二ノットで一秒間に十センチ。一日は八万六四〇〇秒であるので、一日で八六四〇メートル。アラスカから青森県東部沿岸まで約八〇〇〇キロなので、八〇〇〇キロ÷八六四〇メートル＝九二・五日。約三カ月である」

つまり、六月末～七月初旬の風の弱い季節に、アラスカ南端から筏で船出した場合、最初に到達する所は下北半島以南の糠部地方で、その期間は約三カ月、と教えていただいた。これについては、古田氏も以前に、気象庁に出向き、尋ねられたそうである。その時は、

「六～八月の船出して行き着く先は下北半島、期間は約三カ月」

とのこと。到着地点は少し違ったが、ほぼ同じ答えである。

これにより『東日流外三郡誌』の記述が、全く正しかったことが裏づけられたのである。江戸時代の寛政年間に収集した古代からの伝承が、これほどまでに一致しているとは、まさに驚き以上の何ものでもなかった。

これだけ見ても『東日流外三郡誌』は、偽書ではありえないと考える。偽作者とされた故・和田喜八郎氏には失礼ながら、とてもこのようなことが解るはずはないからである。

ところで余談になるが、「親潮」の謂れについてお尋ねしたところ、

「水産物を育てる潮、と言うのが一般的見解である」

とのこと。そうであれば「母潮」と言うべきではないのですか、と私が申し上げたところ「それもそうですね」とのことであった。

なお、この『東日流外三郡誌』の記述から古田氏は「親潮」について、

「親潮（ベーリング海から千島列島沿いに房総沖まで流れる海流）の名の謂れは、津保化族がアメリカ大陸から、津軽（下北半島）へ到来した故事にもとづくものではないか。つまり、親元（故地）へ帰るの意。」

また、「黒潮」の謂れについても、

「潮が黒くないのに黒潮とはおかしい。〈クロは神聖な〉の意であり、〈黒潮は神聖な潮〉のことである」

と、述べておられることも付言しておきたい。

また、同書「津保化族之変」に、

「（津保化族）この一族なぜか、いかに飢えにしても馬のみは殺生せず、亦飢ともせずと曰ふなり。これ一族の掟にて、彼の一族に馬を飼うありて、是を狩に、戦に用ふと曰ふ。

彼の一族、馬を神とせる故に、それぞ遠き祖国の広野を駆ける血筋を継ぐ、祖来の習ひなりとぞ曰ふ。

馬を大事とせしは、男女のまぐわいの神なる使者、馬とし、犬として津保化族の者には馬と犬を飼ふは常なりと曰ふ。抑々、東日流に野馬の山野に駆けたるは、彼の一族に依れるものなりと云ふ」

また、この地方には「オシラ神信仰」という庶民信仰がある。庶民の家にオシラ神なるご神体を祀っている。ご神体は、頭部男女二体のものと、男神が馬の顔、女神が女性の顔の二種類がある。この信仰の起源はいつ頃なのか定かではない。最も古いご神体は五〇〇年以上前のものと伝えられている（『むつ市史』民俗編）。この他、馬を神と崇める「蒼前信仰」というのもある（『青森県史』民俗編）。

これらのことから、宇曽利・糠部地方の住民は、古の津保化族以来、いかに馬を尊崇し、大切に扱っていたかが良く解る。なお、「蒼前信仰」はモンゴルの流れを汲むという説もある。

そして良馬を戦闘に使用していたこと。また、「蕨《わらび》手《て》刀《とう》」という独特の刀を有していたこと（熊谷公男著『古代の蝦夷と城柵』[14]に詳しい）。この地方は砂鉄の産地であり、後に「南部鉄」として世に知られたことでも解るとおり、鉄文化が大変発達していたのである。「森ヶ沢遺跡」出土の四〇点以上に及ぶ鉄器類の遺物が如実に物語っている（これについては、高井憲夫氏の『〈古代ヌカノブ考〉』[15]に詳しい）。そして馬上から射る弓矢の技術が、格段に優れていたと考えられるので、これらの騎馬戦術により戦闘能力が極めて高かったことは想像に難くない。このことは、先祖のツングース系騎馬民族の血を受け継いだ由縁ではなかろうか。大和朝廷に怖れられ、近隣との戦いに強かった理由もこれで理解できる。後の世の延暦八年（七八九）の「アテルイの乱」、そして「前九年の役」（永承六年〈一〇五一〉）や「後三年の役」（永保三年〈一〇八三〉）での安倍氏・清原氏・藤原氏が、強大な勢力であった源をここに垣間見ることができる。また、津軽地方の馬は津保化族から伝えられた、とあることも注目すべきことであろう。

4　つぼの石碑「日本中央」

私は、二〇〇六年九月六日に「つぼの石碑」がある上北郡東北町を訪れた。七戸町中央図書館館長（当時）高井憲夫氏のご案内による。この碑について、古田氏がその著『真実の東北王朝』で詳しく論述されているので、まずそれを引用させていただく。

『安倍安東秋田氏遺跡八十八景』
「第七十一番　都母の石碑
都母の石碑は、北斗の領極むより、糠部都母の地ぞ、日本中央たりとて、安倍致東が建立せり。
角陽国、神威茶塚国、流鬼国、千島国、日高渡島国、奥州、筑紫、琉球島を数え、日本中央と刻せりといふ。よって、名久井岳を日本中央山とも称す。

秋田孝季」

「角陽国はアラスカ、神威茶塚国はカムチャツカ半島、流鬼国は樺太（サハリン）、千島国は千島列島、日高渡島国は北海道であり、南の琉球島に至る中で、都母の石碑はこれら国・地域の中央に位置し、正に〈日本中央〉である。そして、建立者安倍致東は〈安倍日之本将軍系累〉から八世紀〜九世紀の人物である」

つぼの石碑「日本中央」と著者

と述べておられる。

いわゆる「つぼのいしぶみ」と称する壮大なロマンを秘めた貴重な石碑のことである。確かに「日本中央」と彫ってある（口絵参照）。展示館の係員の話によれば「ヒノモトマナカ」と読んでいるそうである。古来、なぜここが「日本中央」なのか誰にも理解できなかった。真偽論争も盛んであったが、「和田家史料」に答えがあり、古田氏が前述のように、見事にその謎解きをされた。この碑については、あまりにも有名であるので多くを述べないが、ただ

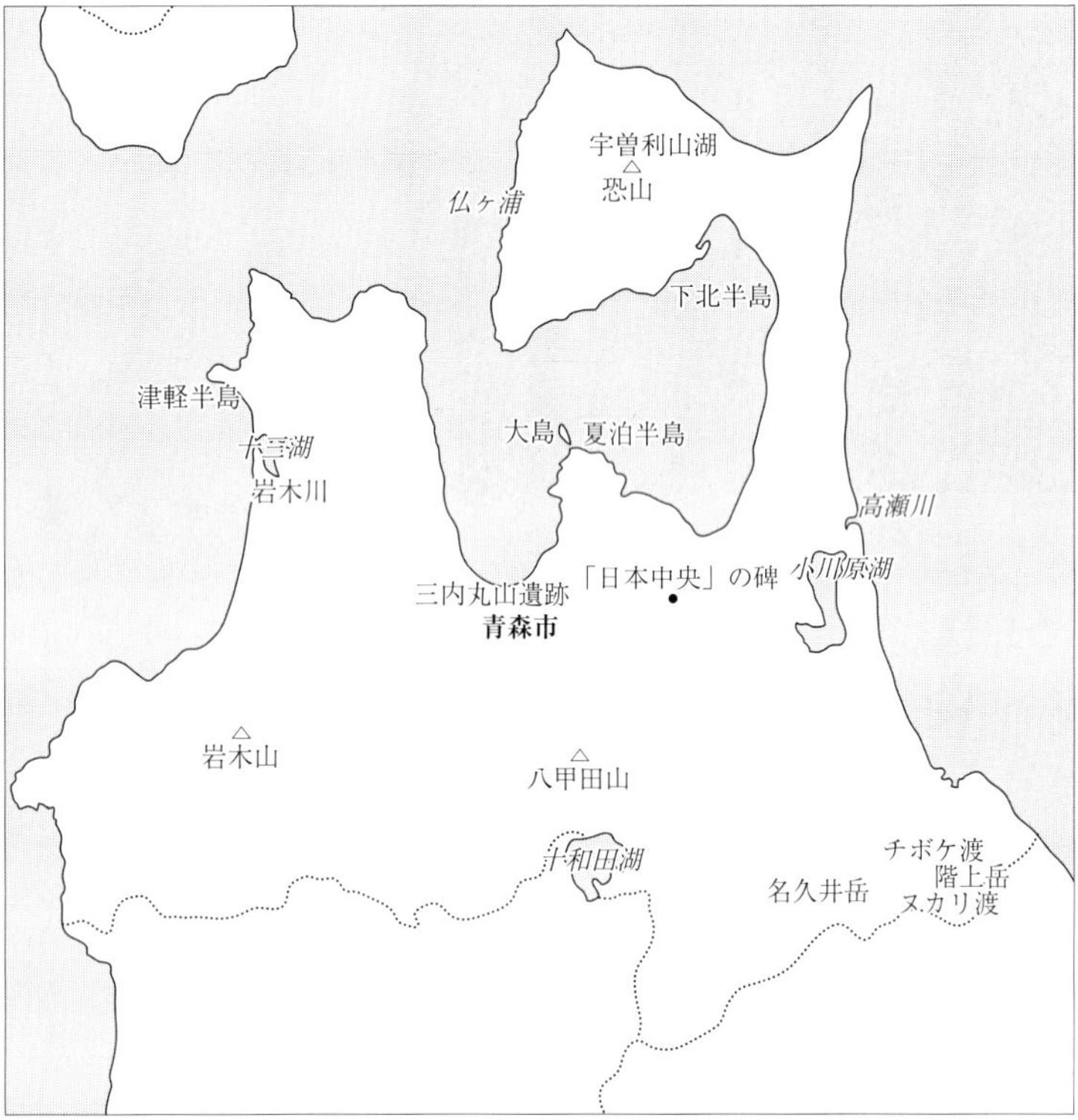
宇曽利山湖
恐山
仏ヶ浦
下北半島
津軽半島
十三湖
岩木川
大島
夏泊半島
高瀬川
「日本中央」の碑
小川原湖
三内丸山遺跡
青森市
岩木山
八甲田山
十和田湖
チボケ渡
階上岳
名久井岳
ヌカリ渡

「渡嶋・粛慎」関係地図

この碑を見て私は戦慄を覚え、そしてこの時、フト私の頭をよぎったことを述べたいと思う。

まず、「つぼ（都母）の石碑」があった壺村・石文村（現・東北町）は、奇しくも宇曽利・糠部地方のちょうど中央にも当るが、拙論は、ここが「渡嶋」であるので、八～九世紀といえば、渡嶋蝦夷の支配領域となる。そこで思ったのは、安倍致東が建立したのであれば、なぜこの碑がこの時点での安倍氏の領土「津軽」にではなく、宇曽利・糠部の「渡嶋」の地に建立できたのか。これについて疑問が湧いてきたのである。

また、「名久井岳を日本中央山とも称す」とあることも気にかかる。それは、阿蘇辺族・津軽蝦夷・安倍氏の霊山は「岩木山」であり、津保化族・渡嶋蝦夷の霊山は「恐山」・「名久井岳」であると考えているからである。すなわちこの碑の建立者は、八～九世紀であれば安倍致東ではなく、津保化族の末裔と目される「渡嶋蝦夷」となる。

しかし、寛平五年（八九三）を最後として、「渡嶋」の語が文献から消えて以後、つまり十世紀以降であれば安倍氏またはその後裔の安東氏が建立した可能性は充分考えられる。と言うのは、「日本＝ヒノモト」の表記に意味がある。それは、安倍・安東氏は「日《ひ》ノ《の》本《もと》将軍」を標榜しているからである。したがって、宇曽利・糠部地方の渡嶋全域が安倍・安東氏の支配に服した後ならば、古田氏の「日本中央」の解釈は正しく当てはまり、何人にも思いもつかない、古田氏しか成し得ない鋭い論証である、と思っている。そして、「名久井岳を日本中央山とも称す」も当然のこととなる。
『東日流外三郡誌』の阿蘇辺族対津保化族の故事、そして津軽蝦夷と渡嶋蝦夷の領国の関係から、思いついたことを記してみた。

注

（1）『十三往来』建武年間、相内山王坊阿吒寺の僧弘智法師作？又は室町中期頃妙見堂三王坊作？（中道等編『津軽旧事談』所収　一九二五年）。
（2）『真実の東北王朝』古田武彦著　一九九〇年　駸々堂出版。
『津軽が切りひらく古代――東北王朝と歴史への旅』古田武彦共著　一九九一年　市民古代史の会編　新泉社。
（3）『青森県史』民俗編　青森県編さん古代部会　二〇〇一年　青森県。
（4）『むつ市史』民俗編　むつ市史編さん委員会　一九八六年　むつ市。
（5）『下北半島三十三ヵ所　観音霊場巡り』滝尻善英著　一九九八年　北おうう巡礼の会。
（6）『下北文化誌』下北文化誌編集委員会　一九九〇年　青森県高等学校ＰＴＡ連合会。
（7）第一章3の注（23）に同じ。
（8）注（6）に同じ。
（9）注（5）に同じ。
（10）『山と信仰　恐山』宮本袈裟雄・高松敬吉著　一九九五年　佼成出版社。

（11）愛媛県久万高原町在住。
（12）『青森県史』資料編・考古3　青森県編さん古代部会　二〇〇五年　青森県。
（13）『糠部の駿馬』入間田宣夫著（『東北古代史の研究』所収　高橋富雄編　一九八六年　吉川弘文館）。
（14）『古代の蝦夷《えみし》と城柵』熊谷公男著　二〇〇四年　吉川弘文館。
（15）『〈古代ヌカノブ〉考』高井憲夫著　二〇〇三年　探南文化研究所。

第三章　「渡」の地名遺称

1　「渡」地名の検索

宇曽利・糠部地方に「渡」の地名遺称はあるのか。これについて述べてみたい。

幸にも『角川日本地名大辞典』（以下『角川』と言う）の「小字《こあざ》一覧」に、膨大な量の「小字」（「大字」も含む）が収録されていたのでこれを検索し、青森県および近県の「渡」地名の分布考察を試みることにした。それに伴い、その調査を全国に拡げてみた。日本列島上の分布考察をしようと思ったのである。

そこで、都道府県ごとの「渡」地名遺存比率を得るためには、「小字」の総数が必要なので、これについて角川書店に問い合わせた。それによると、

「小字の収録数は出していない。都道府県ごとに出典資料・収録時代などが異なるので、全

国一律の比較検証に用いることには無理がある。しかし、県単位の検証には有効である」(1)とのこと。つまり都道府県ごとに面積も地形も異なるうえに、地名がよく残っている所、時代により区画整理が進み地名が残っていない所など様々なので、単純に「渡」地名が多いからといって、そのまま判断基準にならない。

しかし、全国的「渡」地名分布考察の正確な論証はできないにしても、一応の目安的な分布状況を把握したい。その地域でどれだけの「渡」地名が使われていたかを調査したいのである。

そこで、膨大な量の「小字」の総数検出は、大変な時間と労力を必要とし、それが出ても全国一律の正確な論証にはならないこともあって、現段階では「渡」地名が頁《ページ》当りに多い東北の青森・岩手・秋田と九州の鹿児島・宮崎・熊本の各県と、この論証に極めて重要な沖縄県の「小字」(「大字」も含む)総数を一応検出した。ただし、この総数も正確とは言えない。それは地名が書かれている行の終りと次の行に続く地名が同一であるか否か判断が必要となるからである。そのことをお断りしておきたい。

その他の県については、「渡」地名も少ないことから「小字」総数の算出はせず、その代わりに、大雑把ではあるが小字収録「頁数」で代用することにした(一頁当りの収録数は、最多八六〇カ所ほどあるが、頁当りの収録数が極端に少ない場合は、一頁に見合う量を合算する)。この方法でも、目安ならば大勢には影響が少ないと思われる。以上により、分布の目安となる「小字」総数に対する「渡」地名のパーセンテージと収録指数を出すことにより、簡単な比較検討ができる。このように、あくまでも参考数値を目論んだことであったが、これにより瞠目すべき結果が得られたことを最初に述べておきたい。

また、この問題には、地名学・言語学上の大きな要素を含んでいる。それを追求していくと、それ自体、おそらく学問として大きなテーマとなることが考えられるが、この拙論は「渡嶋」が北海道であるか否かを論じているのであり、そこから大きく外れてしまうことにもなるので、全国的な精査は今後の研究課題としたい。

それでは「渡」地名の「小字」を以下に掲げる（「大字」も含む）。ただし、ワタリ・ワタシ・ワタ・ハタリ・ハタシ・ハタと訓じている地名のみを記載する。また少数ながら「渉《わたり》」の語も採録した。ト・ドの訓地名は除く。例えば大船渡《おおふなと》・小舟渡《こふなと》・舟渡《ふなと》・河渡《かと》・佐渡《さど》など。ルビがないものでもおおむねワタリ・ハタリなどと読むであろうものは採録する。また、「大字」「小字」が同じ場合は一つに数える。なお地名検索に当っては、最善の注意を払い何度も見直したが、多少の採録漏れがあれば平にご容赦いただきたい（カッコ内は自治体名の変遷を示す）。パーセンテージと頁当りの「渡」地名指数は、小数点以下三桁目四捨五入とする）。

〈青森県〉

◎津軽地方「渡」地名一四カ所。

東津軽郡―八ツ渡（荒川村―青森市）、岩渡（滝内村―青森市）、蟹田渡《かにたわたり》（蟹田村―蟹田町―外ケ浜町）。

西津軽郡―渡舟《わたしふね》（出精村―木造町―つがる市）。

中津軽郡―一野渡（千年村―弘前市）、石渡（藤代村―弘前市）、砂子渡《すなこわたり》・切渡《きりわたり》（西目屋村）。

南津軽郡―中渡《なかわたり》（中郷村―黒石市）、一ノ渡村下《いちのはたりむらしも》・一ノ渡村上《いちのはたりむらかみ》（山形村―黒石市）、不動沢岩渡《ふたうさはいははたり》（碇ケ関村―平川市）、二ノ渡《にのはたり》（碇ケ関村―平川市）。

北津軽郡―渡船《わたりふね》（鶴田村―鶴田町）。

◎宇曽利・糠部地方「渡」地名一〇九カ所。

下北郡―小渡《こわたり》・渡戸《わたりと》（田名部村―むつ市）、渡向《わたむかえ》（脇野沢村―むつ市）、日渡《ひわたり》（東通村）。

夏泊半島―一ノ渡《いちのわたり》（中平内村―平内町）、内童子渡《うちとうしわたり》（東平内村―平内町）。夏泊半島は現在東津軽郡に含まれるが、中世までは糠部。このほか『平内町誌』にハネワタリ・走りワタリが見える。

上北郡―一ノ渡《いちのわたり》・一ノ渡向《いちのわたりむかえ》・中渡《なかわたり》（野辺地村―野辺地町）、渡向《はたりむかい》・市ノ渡《いちのわたり》・大渡《おおはたり》（天間林村―七戸町）、渡ノ上《わたりのかみ》（七戸村―七戸町）、中渡《なかわたり》・二タ渡リ《ふたわたり》（浦野舘村―上北

町―東北町）、菖蒲渡《しょうぶわたり》（大深内村―三本木市―十和田市）、大渡《おおわたり》・中渡《なかわたり》（法奥沢村―十和田湖町―十和田市）、上渡下モ《かみわたりしも》・渡場《わたりば》・川目渡《かわめわたり》・内渡《うちわたり》・小林渡《こばやしわたり》・熊渡《くまわたり》・中ノ渡《なかのわたり》・大渡《おおわたり》（四和村―十和田市）、中渡《なかわたり》（六戸村）、石渡《いしわたり》（六ヶ所村）。

三戸郡―蒳渡《たごわたり》・石渡《いしわたり》・大渡《おおわたり》・下渡《しもわたり》（八戸町―八戸市）、大渡《おおわたり》・大渡《おおわたり》・大渡新田《おおわたりしんでん》・石渡《いしわたり》窪《くぼ》・笹渡《ささわたり》・浜渡《はまわたり》・中渡《なかはたり》・深渡《ふかわたり》・下渡《しもはたり》・越渡《こしわたり》（階上村―階上町）、浜渡《はまはたり》沢《さわ》・直渡《すぐはたり》（舘村―八戸市）、渡ノ葉《わたりのは》・渡ノ葉《わたりのは》（上長苗代村―八戸市）、簀子渡《すのこわたり》・日渡《ひわたし》（下長苗代村―八戸市）、張渡《はりわたし》（地引村―福地村―南部町）、チボケ渡《わたり》・三渡《みわたり》・ヌカリ渡《わたり》・巻渡《まきわたり》・中渡《なかはたり》（島守村―南郷村―八戸市）、中ノ渡《なかのわたり》・一ノ渡《いちのはたり》・市ノ渡《いちのわたり》・日渡《ひわたり》・市渡山《いちのわたりやま》・日渡《ひわたり》・戸渡《とわたり》・大渡《おおわたり》（名久井村―名川町―南部町）、中渡《なかわたり》・埖渡《ごみわたり》・小渡《こわたり》・渡場《わたしば》・仁渡《にわたり》（田部村―福地村―南部町）、中渡《なかわたり》・石渡《いしわたり》・深渡《ふかわたり》・大渡《おおわたり》・大渡沢《おおわたさわ》・深渡《ふかわたり》・桑ノ木渡《くわのきわたり》・中渡《なかわたり》・中渡向《なかわたりむかひ》・大渡橋《おおわたりはし》・土渡《つちわたり》・浜渡《はまわたり》・居守渡《いもりわたり》（中沢村―南郷村―八戸市）、東張渡《ひがしはりわたし》・西張渡《にしばりわたし》（三戸町）、小渡《こわたり》（斗川村―三戸町）、南一ノ渡《みなみいちのわたり》・石渡《いしわたり》・一ノ渡《いちのわたり》（猿辺村―三戸町）、大渡《おおわたり》平《たひ》・大渡《おおわたり》・根渡《ねわたり》・石亀渡《いしかめわたり》（田子村―田子町）、林ノ渡《はやしのわたり》・四十渡《しじゅうわたり》（上郷村―田子町）、渡ノ端《わたりのはし》・後渡《うしろわたり》（向村―南部町）、赤石渡《あかいしわたり》（平良崎村―南部町）、小渡《こわたり》・小渡頭《こわたりがしら》・大渡道ノ下モ《おおわたりみちのしも》・大渡《おおわたり》（五戸村―五戸町）、小渡《こわたり》（川内村―五戸町）、小《こ》

渡《わたり》・芦名沢渡《あしなさわわたり》・日渡《ひわたり》・鶴渡《つるわたり》・大渡沢《おおわたりさは》（倉石村）、一ノ沢渡《いちのさはわたり》（戸来村―新郷村）、
岩渡《いはわたり》・石渡《いしわたり》（浅田村―五戸町）、櫻渡《さくらわたり》（豊崎村―八戸市）。

青森県の「渡」地名合計―一二三カ所。「小字」収録頁数―一二一頁。頁当りの「渡」地名指数五・五九。「小字」総数一万三八五九。「小字」総数に対する「渡」地名のパーセンテージ〇・八九％。このうち宇曽利・糠部は一二頁、指数九・〇八。

この他、参考として載せるが、『新撰陸奥国誌』（以下『国誌』と言う）(2)に『角川』と重複しない次の地名が収録されている。

南津軽郡―一ノ渡（黒石市）。

下北郡―一の渡山（正津川村―むつ市）、ヒヒ渡山・大ヒヒ渡川・小ヒヒ渡川・蒲《かは》ノ沢渡（原野名）・（川内村―川内町―むつ市）。

上北郡―渡山（天間館村―天間林村―七戸町）、岩渡山《いわわたりやま》（二山あり）・岩渡高山平（原野）・岩渡川・岩渡橋（二橋あり）・大渡橋（甲地村《かっちむら》、壺碑のある所―東北町）、田渡山《だわたりやま》・田《た》渡向山《わたりむかいやま》・石渡・石渡山・大渡山・大渡川・大渡川橋（大深内村―三本木市―十和田市）、市ノ渡山《いちのわたりやま》・作渡川《さくわたりかわ》・細工渡《さいくわたり》平（原野名）。

三戸郡―間渡川（十日市村―八戸市）、中渡沢（市野沢村―中沢村―南郷村―八戸市）、大渡（泥障作《あらつくり》村―中沢村―南郷村―八戸市）。中ノ渡橋（下市川村―河内村―五戸町）。小渡

下平（原野名、中市村—倉石村）。

二戸郡（現在岩手県、『国誌』編纂時は青森県）—篠渡山（岩舘村—一戸町）、西渡橋（姉帯村—一戸町）。

収録合計—三一カ所。内訳—津軽一カ所。宇曽利・糠部三〇カ所。

〈岩手県〉

岩手郡—笹渡《ささわたり》（江刈内村《えかりないむら》—岩手町）、笹渡《ささわたり》（大坊村《たいほうむら》—岩手町）、大渡《おおわたり》（川口村—岩手町）、長渡り（渋民村—玉山村—盛岡市）獅子渡《ししわたり》・下渡《しもわたり》（寄木村《よりきむら》—松尾村—八幡平市）、大瀬渡（大更村—西根町—八幡平市）、平渡《ひらわたり》（御明神村—雫石町）。

紫波郡—大渡野（赤林村—矢巾町）、西鹿渡（三本柳村—都南村）、上渡《うえわた》り（下松本村—紫波町）、僧《そう》ノ《の》渡《わた》り（砂子沢村《いさこさはむら》—梁川村—盛岡市）。

稗貫郡—大地渡《おほちわたり》（大瀬川村《おおせがわむら》—石鳥屋町—花巻市）。渡り（湯口村—花巻市）。

和賀郡—大渡《おほわたり》（湯田村《ゆたむら》—湯田町—西和賀町）、樋渡《ひわたり》（岩崎村《いわさきむら》—和賀町）、岩渡堂《いはたどう》（成田村—北上市）。

江刺郡—中ノ渡《なかのわたり》（人首村《ひとかへむら》—江刺市—奥州市）、藤渡戸《ふじわたと》（梁川村—江刺市—奥州市）、日渡《ひわたし》（広瀬村《ひろせむら》—江刺市—奥州市）、樋渡《ひわたし》（愛宕村—江刺市—奥州市）。

胆沢郡―樋渡《とひわたし》（白鳥村《しらとりむら》―前沢町―奥州市）、樋渡（塩竈村《しおがまむら》―水沢市）、板渡《いたわたし》（若柳村―胆沢町―奥州市）、二渡《ふたわたり》（西根村《にしねむら》―金ケ崎町）。

磐井郡―渡堤（金沢村―花泉町―一関市）、樋渡《とひわたし》（一関村《いちのせきむら》―一関市）、樋渡《ひわたし》（平泉村《ひらいずみむら》―平泉町）、市ノ渡《いちのわたり》（母躰村《もたいむら》―前沢町―奥州市）。

気仙郡―大渡《おおわたり》（世田米村―住田町）、深渡《ふかわたり》（上有住村《かみあるすむら》―住田町）。

閉伊郡―大渡《おほわたり》（駒木村《こまきむら》―遠野市）、火渡前《ひわたしまえ》（松崎村《まつさきむら》―遠野市）、中渡《なかわたし》（平倉村《ひらくらむら》―遠野市）上一ノ渡《わたり》・下一ノ渡《わたり》（栃内村《とちないむら》―遠野市）、大安渡・安渡（大鎚村―大槌町）、佐野渡・小渡・中渡（小鎚村《こつちむら》―大槌町）、中渡《なかわたり》（金沢村―大槌町）、割渡《わりわたし》・古渡《こわたり》（橋野村《はしのむら》―釜石市）、砂子渡《いさこわたり》（甲子村―釜石市）、大渡り向・大渡（釜石村《かまいしむら》―釜石市）、浅渡《あさわたり》（根市村―宮古市）、二羽タリ（石峠村―山田町）、中渡・大渡（田代村《たしろむら》―宮古市）、馬《うま》渡《わたり》（江繋村―小国村―川井村）、氷渡《しかわたり》（安家村《あっかむら》―岩泉町）、一ノ渡《いちのわたり》（沼袋村《ぬまふくろむら》―田野畑村）。

九戸郡―細工渡（宇部村―久慈市）、野田渡川原・荒谷渡（小久慈村―久慈市）、萩渡《はぎはたり》（大野村―洋野町）、大渡（阿古木村―大野村―洋野町）、大渡（帯島村―大野村―洋野町）、大渡リ（水沢村―大野村―洋野町）、軽米渡・笹渡《ささわた》り（上舘村《かみたてむら》―軽米町）、市ノ渡（蛇口村―軽米町）、中渡リ・天ノ渡《あまのわたり》（南侍浜村《みなみさむらひはまむら》―久慈市）、里渡《さとわたり》（種市村《たねいちむら》―種市町―

洋野町)。

二戸郡―中渡《なかわたり》(上斗米村《かみとまいむら》―二戸市)、荷渡《にわたり》(石切所村《いしきりところむら》―二戸市)、渡ノ羽《わたりのは》(浄法寺村《じょうほうじむら》―浄法寺町―二戸市)、峠渡《とうげわたり》(小鳥谷村《こじゃむら》―二戸町)笹渡《ささはたり》(宇別村―小鳥谷村《こじゃむら》―二戸町)。

岩手県の「渡」地名―七二カ所。「小字」収録頁数―二三頁。指数三・一二。「小字」総数一万六〇五一。〇・四五%。

〈秋田県〉

南秋田郡―樋渡沢《ひわたりさは》(安全寺村―北浦町―男鹿市)、渡部《わたなべ》(払戸村―若美町―男鹿市)。

河辺郡―樋渡《ひわたし》(赤平村―河辺町―秋田市)、上一ノ渡《かみいつのわたり》・壱ノ渡《いつのわたり》・下一ノ渡《しもいつのわたり》(協和町―船岡村―秋田市)、渡リ場(岩見村―岩見三内村―河辺町)。

由利郡―木渡向(前川村―金浦町―にかほ市)、獅子渡(塩越村―象潟町―にかほ市)、横渡(大砂川村―象潟町―にかほ市)、冷渡(冬師村―院内村―にかほ市)、沢渡向(下川内村―鳥海村―由利本荘市)、目渡(下郷村宿村―東由利町―由利本荘市)、折渡(岩谷麓村―大内町―由利本荘市)、市ノ渡(中俣村―下川大内村―大内町―由利本荘市)、馬渡戸(中田代村―大内町―由利本荘市)、樋渡(親川村―松ケ崎村―由利本荘市)。

仙北郡―樋渡《ひわたし》(刈和野村―西仙北町―大仙市)、南樋渡《みなみひわたし》・樋渡《とよわたし》(金沢村―金沢町―横手市)、中村樋渡《なかむらとよわたり》（中淀川村―協和町―大仙市）、下猿渡（荒川村―協和町―大仙市）、日渡《ひわたし》花立野《はなたての》（西今泉村―西仙北町―大仙市）、樋渡《とよわたし》（大沢郷宿村―西仙北町―大仙市）、物《もの》渡山《わたりやま》（南楢岡村―南外村）、樋渡道ノ下《ひわたしみじのした》・樋渡道ノ上《ひわたしみじのうえ》（下深井村―大曲市―大仙市）、一ノ渡《いつのわたり》（潟村―生保内村―田沢湖町―仙北市）、日渡《ひはたし》（田沢村―田沢湖町―仙北市）、樋渡《ひわたし》（白岩村―角館町―仙北市）。

平鹿郡―樋渡《ひわたり》（安田村―横手市）、樋渡《ひわたし》（大森村―横手市）。

雄勝郡―樋渡石（川向村―皆瀬村―湯沢市）、牛渡り《うしわたり》（高松村―須川村―湯沢市）、樋渡《ひわたし》（小野村―雄勝町―湯沢市）、二渡道《ふたわたりみち》（西馬音内堀回村―羽後町）、日渡《ひはたし》・馬渡《うまわたり》（上到米村―田代町―羽後町）、樋渡《ひわたし》（中仙道村―仙道村―羽後町）。

鹿角郡―張渡《はりわたし》（花輪町―鹿角市）、渡ノ羽《わたりのは》・一ノ渡《いつのわたり》（小坂村―小坂町）、大ワタリ（大湯町―十和田町―鹿角市）、牛渡《うしわたり》（長谷川村―宮川村―八幡平村―鹿角市）、山渡（長井田村―曙村―八幡平村―鹿角市）、二タ渡《ふたわたり》・一ト渡《ひとわたり》（上向村―七滝村―小坂町）。

北秋田郡―秋田渡り《あきたわたり》（早口村―田代町―大館市）、茂屋中渡《しけやなかわたり》（山田村―山瀬村―鷹巣町―大館市）、大石渡《おおいしわたり》・大石渡沢《おおいしわたりさわ》・大石渡沢尻《おおいしわたさわしり》・上杉ノ渡《かみすぎのわたり》・杉渡《しきわたり》・下杉渡《しもしきわたり》・深渡《ふかわたり》・一ノ《いつの》渡《わたり》・志賀渡《すかわたり》（岩瀬村―山瀬村―鷹巣町―大館市）、山田渡《やまだわたり》（立花村―下川沿村―大館市）、長渡《ながわたり》・大渡下段《おおわたりしただん》・大渡上段《おおわたりうはたん》・大渡《おおわたり》（大葛村―比内町―大館市）、上樋《かみとよ》渡《わたり》・中樋渡・下樋渡・四番樋渡・五番樋渡（中野村―比内町―大館市）、一ノ渡《いつのわたり》（谷地中村―比内町―大館市）、楢木渡《ならのきわたり》・長渡《ながわた》り（小坪沢村―比内町―大館市）。笹《ささ》渡《わたり》（栄村―鷹巣町―北秋田市）、一ノ渡《いつのわたり》（今泉村―鷹巣町―北秋田市）、四渡《よわたり》・向《むかい》四渡《よわたり》・長渡《ながわたり》・向長渡《むかいながわたり》（小森村―鷹巣町―北秋田市）、一ト渡《ひとわたり》・三ノ渡大野《さんのわたりおほの》・三ノ渡《さんのわたり》・飛田渡《とひたわたり》・品類渡《しなるいわたり》（七日市村―鷹巣町―北秋田市）、渡場《わたりば》・小瀬渡場《こせわたりば》（増沢村―合川町―北秋田市）、桜渡《さくらわた》り（李岱村―合川町―北秋田市）、上桜渡《かみさくらわたり》・下《した》桜渡《さくらわたり》（羽根山村―合川町―北秋田市）、中渉《なかわたり》（根田村―下小阿仁村―北秋田市）、深《ふか》渡家ノ前《わたりいえのまえ》・深渡家ノ上《ふかわたりいえのうえ》（森吉村―森吉町）、仙北渡道下《せんぼくわたりみちした》・仙北渡道上《せんぼくわたりみちかみ》・幸屋《こうや》渡《わたり》・馬渡リ《うまわた》・幸屋渡《こうやわたり》・馬渡《うまわたり》・仙北渡道下《せんぼくわたりみちした》・仙北渡道上《せんぼくわたりみちかみ》（荒瀬村―阿仁町―北秋田市）。

山本郡―中渡《なかわたり》（鶴川村―八竜町―三種町）、鹿渡渉《かとわたり》（上岩川村―琴丘町―三種町）、渡道《わたりどう》（外岡村―金岡村―山本町―三種町）、一ノ渡《いちのわたり》（藤琴村―藤里町）、常盤渡《ときわわたり》（梅内村―二ツ井町―能代市）、壱之渡《いつのわたり》（石川村―峰浜村―八峰町）、中渡下夕台《なかわたりしたたい》・中渡中台《なかわたりなかたい》（目名潟村―峰浜村―八峰町）。

秋田県の「渡」地名―一〇七カ所。「小字」収録頁数―四七頁。指数二・二八。「小字」総数三万二一〇。〇・三五％。

〈北海道〉「渡」地名—一カ所。

北海道には「小字」が収録されていないので、「市町村沿革」と「地名索引」から検索した。

北斗市—市渡村（市野渡・市之渡と書く書あり、亀田郡大野町）、一七八一～八九年の『松前随商録』に初めてヲウノ・一ノワタリと見え、それ以前の書には大野村のみ。ここはアイヌ地との境界線の和人地である。江戸時代中期の命名と考えられる（筆者）。

他に、寿都郡寿都町に渡島《としま》町があったが、ここは明治十四年七月に中歌村を改名した新地名。


〈沖縄県〉

名護市—渡地原《わたんじばる》（安和）。国頭郡今帰仁村—渡川原《わたりかわばる》（諸志）、国頭郡恩納村—渡り座《わたんざー》（南恩納）、国頭郡伊江村—渡り地原《わたちばる》（川平）。中頭郡中城村—渡地原《わたんじばる》（新垣）。島尻郡伊是名村—渡地《わたんじ》（諸見）。

「渡」地名—六カ所。一四頁。指数〇・四三。「小字」総数七四二四。〇・〇八％。

参考として、その他の県については、拙論頁数の関係もあり、「渡」地名の詳細は記載せず、その合計・「小字」収録頁数・頁当りの「渡」地名指数を記載する。また、指数の高かった鹿児島県・宮崎県・熊本県については「小字」総数とパーセンテージを記載する。
なお、北海道・新潟県・愛知県・奈良県・大阪府・兵庫県・福岡県についての「小字」地名は『角川』に収録されていない。

―東北―

〈宮城県〉六一カ所、五六頁、指数一・〇九。
〈山形県〉一二一カ所、七七頁、指数一・五七。
〈福島県〉一二七カ所、一一七頁、指数一・〇九。

―関東・甲信越―

〈茨城県〉一〇六カ所、一六四頁、指数〇・六五。
〈群馬県〉二二カ所、五五頁、指数〇・四〇。
〈栃木県〉三六カ所、七五頁、指数〇・四八。
〈埼玉県〉八カ所、三二頁、〇・二五。
〈千葉県〉九二カ所、一三四頁、指数〇・六九。
〈東京都〉五カ所、一七頁、指数〇・二九。
〈神奈川県〉一九カ所、二九頁、指数〇・六六。
〈山梨県〉一五カ所、二八頁、指数〇・五四。

〈長野県〉二五カ所、三七頁、指数〇・六八。
――北陸・東海――
〈富山県〉三〇カ所、六五頁、指数〇・四六。
〈石川県〉二三カ所、四十八頁、指数〇・四八。
〈福井県〉四二カ所、六一頁、指数〇・六九。
〈静岡県〉九一カ所、一二四頁、指数〇・七三。
〈岐阜県〉六六カ所、八六頁、指数〇・七七。
〈三重県〉二五カ所、七七頁、指数〇・三二。
――近畿――
〈和歌山県〉二三カ所、四二頁、指数〇・五五。
〈京都府〉四五カ所、九八頁、指数〇・四六。
〈滋賀県〉五〇カ所、一一二頁、指数〇・四五。
――中国――
〈岡山県〉二七八カ所、一六〇頁、指数一・七四。
〈広島県〉一七カ所、二八頁、指数〇・六一。
〈島根県〉一〇カ所、二〇頁、指数〇・五〇。

〈鳥取県〉一二四カ所、一〇一頁、指数一・二三。

〈山口県〉一二六カ所、一一六頁、指数一・〇九。

―四国―

〈香川県〉九カ所、一九頁、指数〇・四七。

〈愛媛県〉三八カ所、五八頁、指数〇・六六。

〈高知県〉一三二カ所、一六一頁、指数〇・八二。

〈徳島県〉七カ所、二〇頁、指数〇・三五。

―九州―

〈大分県〉五二カ所、四四頁、指数一・一八。

〈佐賀県〉五〇カ所、三四頁、指数一・四七。

〈長崎県〉一一一カ所、五八頁、指数一・九一。

〈熊本県〉一〇二カ所、四四頁、指数二・三二。「小字」総数三万一〇九五。〇・三三％。

〈宮崎県〉八九カ所、三〇頁、指数二・九七。「小字」総数一万九九四二。〇・四五％。

〈鹿児島県〉五九七カ所、一一一頁、指数五・三八。「小字」総数八万一七三八。〇・七三％。


以上、「渡」地名をピックアップした。これにて全国分布の一応の目安となるであろう。

これを見ると、「渡」地名は東北地方のほか、九州に多く中でも鹿児島県は五九七カ所と全国一で突出している。しかし、前述していることであるが、数の比較は一概にできない。例えば、『角川』の小字地名の収録数は、青森県に対して鹿児島県は約五・九倍、宮崎県は約一・四倍、熊本県・秋田県は約二・二倍である。

これらの中で、頁当りの「渡」地名指数と「小字」総数に対するパーセンテージは、青森県が五・五九と〇・八九％で双方とも全国一位である。二位は鹿児島県の五・三八と〇・七三％。三位は岩手県の三・一三と〇・四五％。四位は宮崎県の二・九七と〇・四五％。五位は秋田県の二・二八と〇・三五％（五、六位はパーセンテージを優先）。六位熊本県二・三二と〇・三三％。

このうち宇曽利・糠部は、指数九・〇八でダントツである。

また、頁当りの「渡」地名指数と「小字」総数に対するパーセンテージの比較は、ほぼ同じ結果が得られたので、その他の都府県については頁当りの指数のみで考察しても問題がないことも解った。

2　「渡」地名の検証

では、具体的に見ていきたい。

まず、青森・秋田・岩手の三県に限ってみると、別掲〈「渡」地名分布図〉で確認できる通り、青森県糠部地方の三戸郡が八一カ所と突出している。青森県一二三カ所のうち、宇曽利（下北郡）・糠部（上北郡・三戸郡）地方が一〇九カ所、約八九％を占める。これに岩手県の二戸郡（五カ所）・九戸郡（一一カ所）は中世には糠部に含まれていたので、これを併せると一二五カ所。それに対して津軽地方が一四カ所である。

この他に『国誌』に記されていて、『角川』と重複していない地名・山名・川名・橋名・原野名など、青森県に三一カ所あり、このうち宇曽利・糠部地方が三〇カ所である。したがって『角川』と『国誌』を併せると宇曽利・糠部で一五五カ所となる。

秋田県は一〇七カ所のうち、北秋田郡が五一カ所と突出している。それに糠部と隣接している鹿角郡に九カ所。この二郡で秋田県の五六％を占める。青森・岩手・秋田の『角川』の「渡」地名合計は三〇二カ所で、その内青森県の下北・上北・三戸郡と隣接地の岩手県の二戸・九戸郡それに秋田県の鹿角・北秋田郡で合計一八七カ所、約六二％である。

これに『国誌』収録のうち、宇曽利・糠部地方の三〇カ所を加えると実に約七二％となる。なお、『国誌』は青森県と岩手県の二戸郡だけ採り上げているので、これを加えることは公平さに欠けるが、参考までに記しておきたい。

ところで、この「渡」地名が集中している地域は、いずれも川の流域である。それは主なもので太平洋側に流れる馬淵川《まべちがわ》・五戸川《ごのへがわ》・安比川《あっぴがわ》それに日本海側に流れる米代川《よねしろがわ》である。
これらの地名由来について、大館市郷土博物館館長・板橋範芳氏に電話にてご教示いただいた。それを私なりに整理して述べると、
これらの川の流域は中世まで橋が架かっていなかった。そのため川を歩いて渡る「瀬渡《せわたり》」に起因しているのではないか。地名の起りについては、

①渡る川幅からくる地名――大渡・中渡・小渡など。
②渡る道順からくる地名――一ノ渡・二ノ渡・三ノ渡、上渡・下渡など。
③目印になる所からくる地名――桜渡・楢木渡・桑ノ木渡・菖蒲渡・笹渡など。
④動物が渡る所からくる地名――馬渡・牛渡・熊渡・猿渡・鹿渡・獅子渡など。
⑤水を流す所からくる地名――樋渡（また日渡・火渡も同義語と考えられる）。
⑥川の深い所からくる地名――深渡。
⑦石のある所からくる地名――石渡。
⑧川向こうに集落がある所からくる地名――蟹田渡・品類渡・幸屋渡・常盤渡・軽米渡など。
　いずれも集落名。
⑨川向こうに田がある所からくる地名――飛田渡。

⑩氷が張っている所からくる地名――氷渡・志賀渡（この地方は氷のことをシガまたはシガッコという）。

などである。

すべてが川に起因しているのである。この中で全国的にある地名は、馬渡・樋渡・日渡・飛渡・石渡・大渡・中渡・小渡・渡瀬・渡り・渡場・渡口、それに一渡～三渡などの数字で表わすものなどである。

ところで、日本列島上どの県にも、無数の川があるにもかかわらず、「渡」地名は糠部が突出して多いのはなぜであろう。これについて考えてみたい。

そこで重要なポイントとなるので、まず『角川』の北海道を取り上げる。

これには江戸時代中期に命名されたと考えられる一カ所（「市渡村」）以外全く確認できなかった。また、アイヌ語に「ワタリ」の語があるのか調べてみた。同書の末尾に掲げている「アイヌ語地名の話」にも、「ワタリ」の語を見つけることができなかった。さらにまた『萱野茂のアイヌ語辞典』(3)にもなかった。これによると、アイヌ語で「ワ」で発音する語は極めて少なく二十四語しかない。ちなみに、日本語の「渡る」に対するアイヌ語は、「イカ」「カスイ」「トモドイエ」と言うようである。この他『アイヌ語千歳方言辞典』(4)にも、この「ワタリ」の語は全く見出せなかった。なお、村山七郎著の『アイヌ語の起源』(5)には、カラフト・アイヌ語として、渡・渉の語はwaとある。

いずれにしても北海道アイヌの言葉には、管見の限り「ワタリ」の語を見つけることはできなかったのである。

そして、沖縄にもこの地名が六カ所しかないことから推して、巷間言われているアイヌと沖縄人の類似性などを合わせ考えると、どうもこの「ワタリ」の語はアイヌ語とは違うのではないのか、との思いに至る。私は、言語学については全くの門外漢なので、アイヌ語であるのか否か、これ以上の答えを出すことはできないので、その分野の専門家諸氏の研究を是非とも期待したい。

また、「渡」の語源の項で論述しているが、古田氏ご教示による「ワ・タ・リ」が「祀りを行う大いなる拠点の意」であるとすれば、この「ワ・タ・リ」が日本語として「渡る」と動詞化され、普通名詞となり、やがて地名としての固有名詞となったのではないのか、と思っている。今後の大きな研究課題である。

郡区画は『角川日本地名大辞典』による。
①数字は『角川日本地名大辞典』に収録されている「渡」地名の数。
②【　】内数字は『新撰陸奥国誌』に所載されている「渡」地名の数。
(『角川』と重複しない地名のみ採録）宇曽利は下北郡。糠部は上北郡・三戸郡と岩手県の二戸郡・九戸郡の総称。夏泊半島は中世までは糠部に属す

「渡」地名分布図

3　チボケ渡・ヌカリ渡

ところで、全国に類例を見ない特異な「渡」地名が糠部にある。それは、「チボケ渡」と「ヌカリ渡」である（いずれも八戸市・旧南郷村）。

私は、この地名に関心を持ったので、二〇〇六年九月五日現地を訪れた。八戸市南郷歴史民俗資料館館長・松本貴四郎氏と三八地方森林組合・菅野剛史氏のご案内による。この両地名は、旧南郷村島守の山間部にあった。

(1) チボケ渡

「チボケ渡」は島守盆地の東北にあり、階上岳《はしかみだけ》（種市岳とも言う）の西北にあたる。旧八戸市との境にあって、「是川の縄文祭祀遺跡」に近い。盆地から四輪駆動車で、細い山道を奥深く分け入った所にあった。面積は三〇ヘクタール。斜面もあれば平地もある。一面アカマツと杉林で、昭和五十八年四月二十七日に山火事があり、そのあと植林したとのこと。それにしてもよくぞ地名が残っていたと思うような所であった。

そこで、この「チボケ渡」の名の由来について考えてみたい。

〝「チ」と「ケ」は神様の意〟（梅沢伊勢三氏・古田氏説）であるとしたならば、ここは津保化族の神様が住む所を指しているとも考えられる。そうなると一つの語に「チの神様」と「ケの神様」が同居していることになり、何とも凄まじい地名となる。

ここで、これについて余談になるが、少し気になることを述べたい。それは、『文選つぼのいしぶみ』(6)に、「つぼ」（「日本中央」の石碑がある所）とはアイヌ語の〝船に乗る〟の意味で「チボ」である（大槻文彦氏説）、と記している。もし、この「チボケ」の「チボ」が〝船に乗る〟の意であったならば、ここは全く当てはまらない。海からも遥か遠く、この盆地の中央を流れる新井田川からも遠い、全くの山奥で船とは関係ない地形であるからである。したがって、「つぼ」は「都母」と同じく「津保化族」からきていて「チボ」とは違うと考える。

そこから私は、この「チボケ渡」は〝津保化族の神様が住む所〟であった、との思いを強くした。それと言うのも、ここは前述の「大筏伝承」にある津保化族漂着地点と目される八戸市の奥深く入った所にあるので、そこが彼らの始祖が最初に定着した地であったと思うからである。それゆえに、沿海州民族の神と考えられる「チ」と「ケ」の崇拝地として、命名されたのではなかろうか。管見の限りではあるが、日本列島にただ一カ所しかないこの不思議な地名がそれを物語っているように思えてならない。

(2) ヌカリ渡

「ヌカリ渡」は、島守盆地の南で、階上岳の真西にあった。ここも山深く分け入った所にあり、面積は一一ヘクタール。一面アカマツと杉林の中、平地部には果樹園もあった。ここは、糠部の語源「ヌカンヌップ」と合い通じる。「リ」は拠点の意（古田氏説）であるところから糠部の中心地として、津保化族の拠点の一つだったのではなかろうか。近くにヌカリ河原・糠利《ぬかり》沢《ざわ》もある。この島守の真東に「階上岳」があり、真西に霊山として崇められていた「名久井岳」がある。緯度上一直線に並ぶ二つの「岳」の中にある。偶然ではない、秘められた何かがある、と思っている。

そして「岳」について、階上岳の山麓には鳩岳もあり、この他三戸郡には戸来岳・朝比奈岳があり、隣接する岩手県九戸郡には久慈平岳・明神岳・平庭岳・遠別岳があり、また二戸郡には稲庭岳・西岳があり、九戸郡との郡境に折爪岳・倉岳もある。上北郡には乗鞍岳・硫黄岳・赤倉岳・高田大岳・八幡岳・烏帽子岳・三角岳など、「岳」は枚挙に暇がない。糠部一帯は「岳文化」の地である。これも今後の大いなる研究課題である。

なお、青森県下の縄文遺跡三二五三カ所の内、津軽地方が一三五五カ所、宇曽利（旧下北郡二四二カ所）・糠部（旧上北郡八七七カ所・旧三戸郡七七九カ所）地方が一八九八カ所。そして、旧南郷村には二一七カ所が確認されている。(7)

このうち、現在東津軽郡に含まれている平内町三四カ所は、中世までは糠部（旧上北郡）に属していたのでこれを差し引くと、津軽地方が一三二一カ所、宇曽利・糠部で一九三二カ所である。

これを見ると宇曽利・糠部で全体の五九％を占める。その中でも旧南郷村の多さには驚かされる。ここは旧三戸郡全体の二八％を占めていて、縄文遺跡の宝庫である（左図「遺跡マップ」参照）。これら縄文遺跡の中で、名久井岳の山麓にある「泉山遺跡」（旧南部町）から縄文時代の集落跡が発掘されており、八戸市と旧南郷村との間にある「是川遺跡」（チボケ渡に近い）は縄文祭祀遺跡であって、この附近一帯が特別の地であったことを窺い知ることができる。

それにしても、この青森県下の縄文遺跡数を見る限り、津軽地方より糠部地方の遺跡数が多いことから、数の上での単純比較はできないけれど、縄文時代には糠部の方が人も多く、繁栄していたのではないのか。そう思えてくる。

しかしながらこれについては、前述の『東日流外三郡誌』の記事にあるように、「岩木山の噴火により津軽地方一帯が壊滅し、阿蘇辺族の故地が失われた」とのことに起因していることも考えられる。

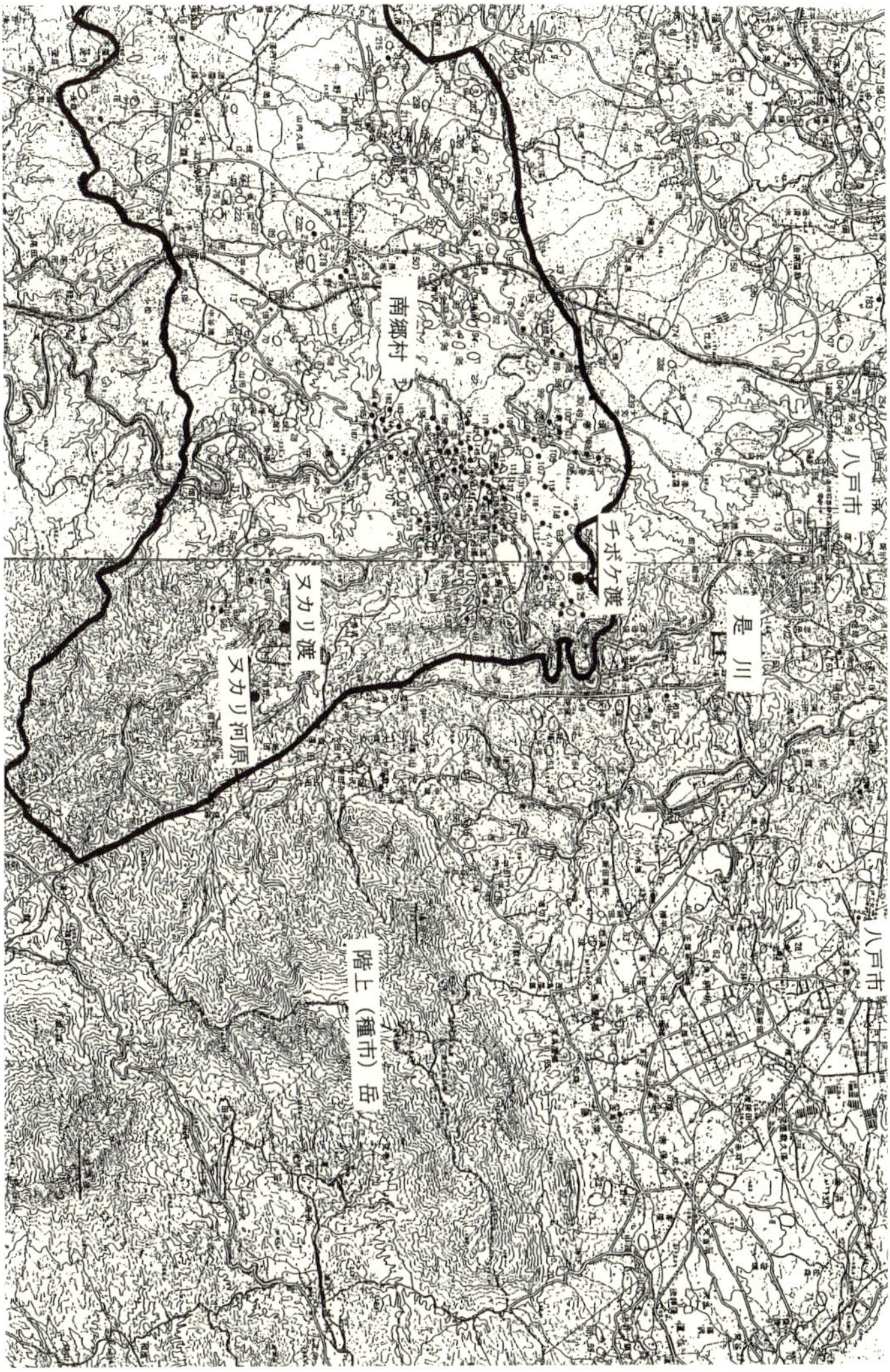

旧・南郷村遺跡マップ（八戸市教育委員会・八戸市南郷歴史民俗資料館提供）

4　「ハタ」訓地名

『東日流外三郡誌』第一巻「東日流六郡誌大要」に次の記述がある。

「東日流の住人せる古邑はアソベ、ツボケ、イシカ、マリダ、カムイ、オセドウ、ホド、アイノ、トコシ、テマ、オカムイ、オベツ、マリノ、メノコ等にして宇曽利にてはジャマ、カタノベ、シュクノベ、メノコチャシ、ハタ、ムシリ、ドウマンチヤ、オテナ、トジナ等なり。糠部にてはオテナホノリ、ダブウ、ポロコタン、チャシホノリ、カムイシリ等なり。何れも荒羽吐《あらはばき》族語にして遺れる古邑なり。

寛政五年十月　秋田孝季　（ルビ筆者）」

とあり、この宇曽利にあった「ハタ」が「渡」であると考える。「渡」をハタリ・ハタシ・ハタと訓じている地名は、青森県に一七カ所（津軽地方四カ所・糠部地方一三カ所）、大分県に三カ所、秋田・群馬・滋賀県に各二カ所、岩手県に一カ所確認されている。例えば、上北郡七戸町の「渡向《はたりむかい》」「大渡《おおはたり》」、八戸市の浜渡沢《はまはたりさわ》・直渡《すぐはたり》などである。そこで、宇曽利（下北半島）の恐山の麓にある「渡向《わたむかえ》」（むつ市）が注目される。

ここは旧脇野沢町で宇曽利の中心地の一つである。ここの訓が、元は「ハタ」ではなかろうか。これらの「ハタ」地名がいつ頃のものかは不明であるが、『角川』や『国誌』に無いところからみると、失われた地名と思われる。『東日流外三郡誌』の採録史料は相当古いものが収録されているだけに、古代に遡る可能性がある。

そして注目すべきことは、「ワタリ」・「ワタ」と「ハタリ」・「ハタ」の「ワ」と「ハ」の言葉が違うにもかかわらず同義語となっていることである。このことは、古田説による「ワ」は〈祀り〉・「ハ」は〈葉っぱ・広い〉の意である、と承っていることから、古田氏にこれについてお尋ねした。それによると、

「本来は別の言葉・地名であったものが、部族間抗争などによって征服部族・征服された部族の言葉・地名として、ある時点から同義語として使われだした可能性がある。」


と、ご教示いただいた。

ここでは明らかに同義語として使われている事実がある。

ところが、このことを裏づける史料があったのである。それは、『東日流外三郡誌』第一巻

「東日流内三郡誌大抄　上の巻」に次の記述がそれである。

「これに応戦せるは荒羽吐軍にて、ハタとぞ称する丸木一艘彫りの舟にて、比羅夫の船団に寄せ来るや、一挙にして四散せるハタより黒煙上り、四方煙に視界を絶したり」

また、『北斗抄』和田家資料3「蒙古史抄」伊東頼之介記にも、

「吾が国、東日流を掠むるときも、二回に渡りて白村水軍を海上に撃滅せる東日流の上磯ハタ、及び宇曽利の卒止ハタ、の軍に敗れたるなり、ハタとは東日流の海舟にて、通称ツカリハタ、ウソリハタ、とて、山靼黒龍江の往来舟を習いて造りしものなり」

とあり、「ハタ」とは山靼（沿海州ツングース系の部族名）の丸木舟のことを指すようである。

そこで、前述の古田説から導き出されることは、このハタあるいは「ハタ舟」が、ある部族によりハタリ・ハタシ・ハタなどと動詞化され、または固有名詞化され、この地に「ハタリ文化」が花開いていた。そこに、後にやって来た「ワタリ文化」の部族により「ワタリ」が一般的となり、その後漢字文化になって「渡」の字が充てられたのではないのか。

もしかすると山靼とは「阿蘇辺族」のことではなかろうか。そうなると「ワタリ文化」の担い手は「津保化族」となる。この地では津保化族が優勢だったことでもあり、ある時点で同義語として使われだしたのではあるまいか。「ハタ」訓地名より「ワタ」訓地名が圧倒的に多いことが、その証左なのでは、との想いにかられる。

5 気になる地名

この他、たいへん気になる地名として、七戸町の「渡山」（『国誌』）、上北郡横浜町（下北郡との堺にある）にある「ヌカリ川代」（『角川』）、そして山名の「ヌカリ川台山」（『国誌』）などがある。

また、「ヌカリ」地名は他県にも多数ある。秋田県に「ヌカリ谷地《やち》」「ヌカリ」、宮城県に「ヌカリ」が三カ所、福島県に「ヌカリ」が四カ所・他に「ヌカリメ」があり、茨城県に「ヌカリ」が九カ所・「大ヌカリ」二カ所・他に「小ヌカリ」「洪沢《ぬかりざわ》」「東洪沢」「中洪沢」「洪」「下ヌカリ」「ヌカリ谷津」があり、群馬県に「大ヌカリ」が三カ所・他に「寺ヌカリ」、栃木県に「大ヌカリ」が七カ所・「ヌカリ」が四カ所・他に「シメックシヌカリ」があり、千葉県に「ヌカリ」が五カ所、静岡県に「大ヌカリ」が二カ所、岡山県にも「ヌカリ」があった。

これらのヌカリ地名も、前述の「ヌカリ渡」と同じく「ヌカンヌップ」からきていて、糠部から伝播したものと思われる。それにしても、なぜ岡山県（新見市旧大佐町大井野）にあるのであろうか。隣接地にアイヌ語地名と思われる「ウトロ」もある（北海道斜里町にウトロ遺跡がある。『萱野茂のアイヌ語辞典』にはウトロはないが、ウトロサムはアイヌ語で横・側面の意とある）。推測ではあるが、東北地方が順次大和朝廷の支配下に入ってから、俘虜の蝦夷《えみし》を吉備国（岡山県）に連れて来た。そこで彼等は自らの開墾地を故地に因んで名付けたもの、との思いに至る。この点については『日本書紀』景行紀五十一年に「尾張国熱田神宮に献上されていた俘虜の蝦夷を播磨・讃岐・伊予・安芸・阿波の五国に移した。これが佐伯氏の祖。」、また『続日本紀』聖武天皇神亀二年（七二五）にも「陸奥国の俘囚百四十四人を伊予国、五百七十八人を筑紫へ配す。」との記事があることからも、吉備国への配流も十分考えられることではなかろうか。

これも余談になるが、他に面白い地名として、福島県楢葉郡川内村に「久曽渡」（旧上川内村）がある。「ソ」は「チ」・「ケ」と同じく神様の意であるので、これは「クソ神様が渡った地」であろうか。福島県には「曽」の付く地名が多いことから、「ソ」の神様文化圏であった可能性も窺える。

また、静岡県浜松市の旧春野町宮川に「渡島」があったので、浜松市中央図書館郷土史料室に問い合わせたところ、これは「どじま」と言い、熊切川と気田（多）川の合流地点にある中洲とのことであった。

もう一ヶ所「渡島」があった。それは長野県南木曽町旧吾妻村にある。これについて㈶妻籠を愛する会・理事長小林俊彦氏にお尋ねしたところ、現在は「わたしま」と訓じているが、この地名の起こりは天正十二年の「小牧・長久手の戦い」の折、木曾川の本流を渡るため渡河地点を「和田島」と名付けたのが、いつの頃からか「渡島」となった。なお、ここは島でも中洲でもなく、この地方では平地のことを島と言う、とのことであった。

6　「渡」地名が九州に多いのはなぜか

次に、「渡」地名が九州に多いのはなぜであろう。果たして偶然であろうか。これについて考えてみたい。

まず、鹿児島県五九七カ所のうち大隅地方に二八四カ所ある。県下で一番多い地域は、曽於市の七三カ所（旧末吉町三九、旧大隅町二二、旧財部町一二カ所）、二位は種子島六七カ所、三位は霧島市四六カ所（旧牧園町一八ほか）である。すべて大隅国にあり、一部の地域に集中している。

私は地名の起源や伝播など地名学については全くの門外漢なので、正直言ってよく解らない。ただ、人が住む所には地名があり、また人が移動することによって新たな地名が発生する。この程度の知識で論述することを、はじめにお断りしておきたい。

そのうえで思うことは、九州と青森県との交流である。古代においてこの事実があったかどうかを考えてみたい。

まず、九州北部の博多湾岸と津軽の関係である。

一つ目は『東日流外三郡誌』の記述から導きだされた古田説による「東北王朝」の始祖安日彦・長髄彦の兄弟が、天孫ニニギノ尊に博多湾岸から逐われ、津軽の地に落ち延びた故事にある。

二つ目は、九州と同じ形式の弥生水田遺跡である津軽の「垂柳遺跡」もその証左となる。

三つ目は、時代は新しいが『日本書紀』斉明紀の「阿倍比羅夫の粛慎征伐」の記述に「阿倍臣名を洩らせり」とあることもその根拠となる。これは、国史の『日本書紀』において、東北地方攻略の第一人者・大将軍の名前が判らないとは、到底考えられないことであり、この記事は大和王朝の事績ではなく九州王朝の事績を盗用したものである（古田説）[8]。

四つ目は、斉明天皇元年（六五五）に、「津刈蝦夷六人が難波宮に赴き朝貢し、冠位を賜わった」（『日本書紀』）とあるが、この記事も変である。それは、この当時の日本列島の覇者は、大和王朝ではなく、九州王朝である（大宝元年〈七〇一〉三月二十まで──古田説）。そして、難波は博多にもあったことから、この記事は津軽蝦夷の九州王朝への朝貢の事績を、九州王朝の史書から『日本書紀』が盗用したもの、と考えざるをえない。

なお、最近古田氏も述べておられ、私も越智国における斉明天皇伝承から「斉明天皇は九州王朝天子」と考えているので、これらのことは九州王朝の事績であることを疑うことはできない。

このように弥生時代初期から九州北部と青森県西部・津軽地方との交流は、日本海側ルートとして極めて濃密だったのである。

そして、考古学的見地から古田氏は、「沖縄と北海道をむすぶ四世紀前後の大交流」として、三〜四世紀頃の北海道「有珠遺跡」から沖縄産の「ゴホウラ」の貝飾りが相当数出土したこと。また、縄文後期の九州の「佐賀遺跡」から北海道から津軽海峡、岩手県の北部を南限とする「サルアハビ・ユキノカサ」という貝の飾り物が出土したこと、などから沖縄―九州―東北―北海道の遺物が物語る歴然とした交流の事実を述べておられる。(9)

それでは、「渡」地名全国比率一位の青森県東部の宇曽利・糠部地方と、その次に多い九州南部の鹿児島県を中心とする地域との直接交流如何に、つまり太平洋側ルートについてはどうであろう。

直接交流の考古学的遺物があるのか否か、これに関しては『多元』№75で知った。(10)それは、鹿児島県歴史資料センター「黎明館」の展示に、鉄製蕨手刀の出土品があったことである。この蕨手刀は糠部が発祥地であると考えられていることから、まぎれもなく交流があったと見なしたい。

　また、前記の「ゴホウラ」「サルアハビ・ユキノカサ」の経路は、太平洋側ルートだった可能性もある。縄文時代に和人が縄文土器・甕棺を携えて、黒潮に乗り太平洋を横断し、ペルー・エクアドルまで行っていた事実[11]が物語るように、糠部―鹿児島の太平洋側沿岸航路の直接交流は、当然あったと考えるべきである。

　そして、馬に関しても気にかかる。それは、良馬の産地として、南部地方と共に大隅半島も有名であるからである。これに関する検証は別の機会に譲りたい。

7　宇曽利・糠部地方は「渡文明」の地

　それでは、この「渡」地名がどこで発祥したのか考えてみたい。

　まず、「ワタ・ワタリ・ワタシ」の訓地名は、前述のとおり糠部が圧倒的に多いことから、これは宇曽利・糠部地方が発祥地であると、断定はできないにしてもそう思える。

　次に、「ハタ・ハタリ・ハタシ」の訓地名についてはどうであろう。これは、全国的にはなく、「ワタ・ワタリ・ワタシ」の訓地名よりは圧倒的に少ない中でも、これも糠部地方が一番多いことから、これは明らかにこの地が発祥地と言えるのではなかろうか。

　前述しているが、この地には元々「ハタリ文化」の部族が居て、その後やって来た部族が

「ワタリ文化」を持ってきて、この地に君臨することになり、両音が同義語になったと考えた。そして、「恐山・仏ヶ浦」の「ワ・タ・リ」の意〈祀りを行う大きな拠点〉から、この「ワ」音の「ワタリ」がこの地を席巻し、全国に伝播したものとの思いに至るのである。しかしながら、九州の大隈地方・種子島にも「渡」地名が極めて多かったことから、にわかには九州への伝播は断定できない。この地方にもこの地名が発祥する要因があったことも考えられるからである。もし九州への伝播であったならば、地名が九州から東へ東へと、遷って行ったという「地名東遷説」に対して、これはその逆となる。

「渡」地名は、北海道と沖縄を除く、日本列島上最北の青森県と最南の鹿児島県が突出している。福岡県の「小字」が『角川』に収録されていない現状から断定は出来ないが、東北は青森県を頂点に隣接の岩手県・秋田県が他の東北地域より多く、九州は鹿児島県を頂点に隣接の宮崎県・熊本県が北部の県より多かったこと、奇しくも逆三角形の位置に対極する。極めて不思議な現象となった。

そして、この逆三角形の地は、蝦夷《えみし》と熊襲《くまそ》・隼人《はやと》の地である。また、鹿児島県で「渡」地名が集中して多い大隅地方（大隅国の成立は七一三年）と種子島（多禰島、八二四年大隅国に属す）は、沖縄・奄美群島を除く日本列島最南に位置している。ここ大隅国は奈良時代に入っても、大隅国の成立に至るまで大和朝廷に抵抗した地域で、「隼人の乱」の舞台である。

一方、「渡」地名が全国一多く、北海道を除く日本列島最北の青森県の宇曽利・糠部地方は、他の東北地方と共に、平安時代中期に至るまで大和朝廷に頑強に抵抗した地域でもある。両地域ともに政治状況が大変似通った奇縁を感ぜざるを得ない。これは、偶然ではない何かがあると思っている。

以上「渡」地名について考察した。『角川』による検索は正確無比ではないにしろ、一応の傾向は把握できたと思っている。目安として検証してきたことであったが、別表〈「渡」地名分布図〉（二〇四頁）が示す通り、「渡」地名が糠部と隣接地域に突出して集中しており全国一多かったこと、また宇曽利に古代地名と思われる「ハタ」があったこと、そして「ワ・タ・リ」の意が示すとおり、「渡」はすなわち「恐山・仏ヶ浦」であり、宇曽利・糠部地方はまさに〈渡文明〉の地であった。

この地名遺称だけに限ってみても、「〈渡嶋〉は北海道ではなく、宇曽利・糠部地方である。」と言えよう。

「渡」地名の論証を終えて今思うことは、膨大な資料のコピーのための図書館通い、それもコピーの順番待ち、深夜にわたる「渡」の字の検索、連日連夜の苦闘を振り返ると、古田氏が「邪馬臺（台）国」か「邪馬壹国」かを論証するため、『三国志』から「壹」の字を検索したご苦労が、まざまざと思い浮かぶのである。

それにしても、「渡」地名が鹿児島県中心の九州南部に多かったことは意外だった。歴史の深源は、とても一筋縄では解決できないことをあらためて思い知らされた。これにより大きな課題に、また突き当たってしまったようである。

注

(1) 学芸出版部・大蔵敏氏談。
(2) 『新撰陸奥国誌』みちのく叢書　青森県文化財保護協会編　一九六四〜八三年　国書刊行会。
(3) 『萱野茂のアイヌ語辞典』萱野茂著　二〇〇二年増補版　三省堂。
(4) 『アイヌ語千歳方言辞典』中川裕編　一九九五年　草風館。
(5) 『アイヌ語の起源』村山七郎著　一九九二年　三一書房。
(6) 『文選つぼのいしぶみ』永峰文男編　一九九一年　東北町教育委員会。
(7) 資料提供は、青森県教育庁文化財保護課埋蔵文化財グループ川口潤氏、八戸市教育委員会文化課佐々木浩一氏。
(8) 『真実の東北王朝』古田武彦著　一九九〇年　駸々堂出版。
(9) 注(8)に同じ。
(10) 『多元』№75　二〇〇六年　多元的古代研究会編。
(11) 古田武彦著『「邪馬台国」はなかった』で、『三国志』魏志倭人伝「裸国・黒歯国」が検証されている。

第四章　『日本書紀』記載地名の比定地

1　「後方羊蹄」

私にとって最大の懸案でもあった斉明紀五年の「後方羊蹄に政所を置く」はどこか。青森県内のどこにあったのか、これが解らなかった。ところが、これについても前掲の『東日流外三郡誌』に答えがあったのである。

通説の「後方羊蹄」は、「後方」を「シリベシ」と読み、「羊蹄」は羊蹄山《ようていざん》であり、北海道の羊蹄山のある後志《しりべし》に政所を置いた、としている。

その通説の中でも滝川政次郎氏は、「後方羊蹄」をシリパ岬のある余市郡余市町を比定している(1)。氏の説は、渡嶋は北海道・後方羊蹄は後志地方と、最初から既定の事実として論述されていて、「後方」を「シリヘ」とし「シリパ」との語呂合わせで、無理やり余市町を比定地にしているようである。

ちなみに、羊蹄山をアイヌ語では「マクカリ」「ヌプリ」「マッネシリ」と言い、（『角川』北海道）決して「ヨウテイ」とは言わない。それもそのはず、羊蹄山の命名は明治初年のことである。

ところが、『東日流外三郡誌』によると、津軽に「後方羊蹄」があったのである。次にその記述の一端を示す（カッコ内と傍線は筆者）。

(1)飛鳥山耶馬台城址考（第一巻）秋田孝季・和田長三郎記
津軽の地図上に羊蹄山あり（岩木山の位置）

(2)東日流六郡史大要（第一巻）秋田孝季記
東日流は行来川を南北に流る東西を堺し、西をオカムイ、東をシリベシと称し、東日流中山連峯をイシカホノリと称し岩木山をアソベホノリ、南山根をアシヤラホノリと称したり。

(3)安倍大系譜抄（第一巻）藤井伊予記
恵比寿彦　東日流後方羊蹄之領主也

(4)日高見国抄（第一巻）藤井伊予記
斉明帝五年、阿倍比羅夫、猛き船軍人百八十艘を率い、飽田（秋田）、渟代（能代）、胆振（胆振鉏《いふりさえ》の蝦夷の居住地、北海道の胆振地方ではない）の荒吐（アラハバキ）族長老を従、東日流後方羊蹄卒止の浜（外ヶ浜）に上陸し、是処を政所となして、荒吐族百十二人を倭の臣とて禄を与へ、是を郡領となし、怒れる津刈丸の襲乱兆す以前に退きぬ。

さらに比羅夫、越より一挙に船師を大勢なし、船二百艘を率いて荒吐王を降さむとて来るも、東日流にては安東浦の安東、有澗浜の津刈、吹浦の長彦、阿闍羅の毛止利ら一族を挙げて後方羊蹄卒止の浜に阿倍引田臣を囲みて虜になし、船百五十艘を率いて和議に応ぜり。

(5)安倍氏誕姓之事（第一巻）長谷部孝之記

羊蹄の如き巌鬼山の峯は降魔神の如く火煙を吐きけるに怖れて、東日流征伐を諦めたりと曰ふ。

(6)奥州太古城史抄（第一巻）秋田孝季記

先ず渟代、津軽の二国に荒吐族を皇化せんとす。依て、郡領を羊蹄に置きけるも、これ奥州に築きし城邸の始めなり。

(7)東日流古今往来（第二巻）秋田孝季記

斉明帝の四年、越の国主阿倍比羅夫、舟師百八十艘を率いて渟代、東日流、後羊蹄に攻め来るに海辺一歩たりとも侵踏を得ず、和を以て荒波吐国主なる安東に酒肴を献じ、官位を賜りぬ。

これらに見られる通り巌鬼山（岩木山・行来山）が羊蹄山である。後方羊蹄は、この付近にある一地域であるような記述もあるが、津軽地方全域（外三郡・内三郡・外ヶ浜）を指しているような記述もあり、特定できない。そして、政所は外ヶ浜に置かれたと書かれているが、具体的な場所は特定できない。青森市附近であろうか。北海道ではなかったことは確かである。

前述したように、林子平が「津軽山ヲシリベシト心得タルニハ非スヤ」と言ったことが思い起される。

それにしても、「一族を挙げて後方羊蹄卒止の浜で、阿倍比羅夫を囲んで捕虜にし、比羅夫は和議に応じた」とあるのは大変面白い。『日本書紀』には無い記事である。現実にこのようなことがあったのかもしれない。

2 「有間浜」

次に、『日本書紀』斉明天皇四年の「有間浜」の比定地について述べたい。

まず、阿倍臣の百八十艘の船団が停泊できる所として、通説は岩木川河口にある十三湖の十三湊としている。そして、ここが「有間浜」である、と。

私もそう思っている。だが、「有間浜」の読み方に問題がある。

それは、前掲の『東日流外三郡誌』「日高見国抄」の項に、「有澗浜の津刈」とある。また、同書第一巻「東日流抄」に（傍線筆者）、

「（津軽の祖とする）長髄彦に六男二女の息胤あり。一男を宇馬彦、二男を於貴利彦、三男を破奈和彦、四男を比羅化彦、五男を伊那化彦、六男を伊留馬彦、一女を曽止奴、二女を怒賀部と称して是を東日流八祖となしたり。

八祖とは東日流地名に残りて先ず宇馬彦の領は有間郡なり。宇貴《ママ》利彦領奥法郡と称し、破奈和彦を鼻（華）輪郡とし、比羅化彦を平賀郡と称し、伊那化彦領を田舎郡と称し、伊留馬彦領を江流馬郡と称し、曽止奴と称す領を外浜怒賀部と称し、末女の領を糠部と称したりと云う」

とあり、この記事全てを信じることは無理であっても、「宇馬彦の領は有間郡」となっている。

さらにまた、同書第一巻「東日流古訊誌」の地図上に、十三湖を「有間浦」と記している。この他随処に「有間」「有間浦」が散見される。

この「有間浜」は岩波文庫本では「ありまのはま」としている。吉田東伍博士は『大日本地名辞書』で、「有間浜はその後江流間《えるま》と呼ばれた十三湊であろう」としていて、近年多くの学

者はこの説に賛同している。

しかし、私は思うに、これは「ありまの浜」ではなく「うまの浜」と呼ぶべきではないのか。また、「有間」が転訛して「江流馬」になったのではなく、初めから地名遺称があったと見られる「うま」であった。同じく「江流馬」も並存しているからである。

ここは『津軽一統志』にもある通り、後の外三郡（鎌倉時代に設置？）の一つ「馬郡」は、十三湖岸一帯の北側半分、南側は同じく外三郡の「江流馬郡」であることからも、「ありまの浜」ではなく「うまの浜」である（本書五三頁、「東北地方関係図」参照）。

そして、「有間浜に、渡嶋の蝦夷等を召し聚《つど》へて、大きに饗《あへ》たまひて帰す」とあることから、「渡嶋蝦夷」が宇曽利（下北半島）から船で対岸の津軽半島を回って十三湊附近の「有間浜」に来るのであれば最も妥当なことと考える。

また、「うまの浜」は「馬の浜」であり、これはあくまでも推測ではあるが、馬を陸揚げした所。それも宇曽利・糠部地方から船で運んだと考えたい。

このことは、前述の『東日流外三郡誌』の記述に、「津軽の馬は糠部より伝えられた」とあるからである。

3　「弊賂弁嶋《へろべのしま》」

弊賂弁島――この島が何処なのか解らなかった。管見の限り、誰もこの島については触れていなかったので通説もない。拙論は、「渡嶋」は宇曽利・糠部であり、「粛慎」は後述するが、大筋ではアイヌと考えているので、その島は、下北半島沿岸や陸奥湾になければならない。これは、あくまでも『日本書紀』の記事に則ればのことであるが、この島がなければ「渡嶋」論証も不完全なものとなる、と思っていた。

『日本書紀』斉明天皇六年三月の記事は、私の解釈では、

「渡嶋蝦夷」が「大河」（後述）の河口付近に、千人ほど屯集していて、「粛慎征伐」のため船二百艘を率いてやって来た阿倍比羅夫に、「粛慎」ことアイヌに圧迫されている窮状を訴えた。そして、渡嶋蝦夷は阿倍比羅夫の支配下に入り、共に「粛慎」ことアイヌを攻めた。アイヌは二十余艘ばかりの勢力であったが、適わぬので撤退して、「弊賂弁島」の柵（チャシ）に拠より抵抗した。まだ決着がつかないのに、アイヌは妻子を殺した。

となる。そして「岩波文庫本」注にも、

「弊賂弁―大河河口のデルタの一つか、未詳。渡嶋の別なり―渡嶋の一部であって、粛慎の地ではないの意。己が柵―粛慎が弊賂弁嶋に築いた柵。妻子も居住させていた」

とある。

そこで、これを確かめるべく弊賂弁島探しに出かけることにした。事前に地図上でチェックして、関係方面に電話を入れた。下北半島沿岸や陸奥湾には島は少なく、ほとんどが岩礁である。人が住めそうな島・柵を築けるほどの島の候補地は三カ所あったが、そのうち私の思いに適う所は一カ所よりなかった。そこは、夏泊崎の突端部にある大島である。

そこで、島を行政する平内《ひらない》町に、大島の歴史に関して教えてほしい、とお願いしたところ観光課をご紹介いただいた。そこで、島の大きさ、水があるか、人が住んだ形跡があるか、考古学的遺物が出土しているか、を尋ねたのである。答えは、周囲四キロ、面積は二〇ヘクタール、水は出ない、人が住んだ形跡はない、遺物の出土品はない、とのことであった。がっかりした。本当だろうか、現地に行って確かめるほかはない。

私は二〇〇六年九月六日に現地を訪れた。先にお世話になった高井憲夫氏にご案内いただいた。行って良かった。聞いた話とは全然違っていたのである。やはり、歴史論証をするには〝足である〟と、つくづく思い知らされた。

大島は干潮時には歩いて渡れる。現在は橋が架かっており、三分で渡れる。岬寄りの半分は小高い山であり、後方部は平地となっていた。島の突端部には灯台と弁天社があった。水は確認できなかったが、島の入口にある〈民宿島崎〉の島崎リエさんに聞いてみた。すると、

「私の子供の頃、〈畳岩〉の所から水が出ており、島に行った時はいつも飲んでいた。そして、この夏泊には大館・小館というアイヌの集落があった」

とのこと。また、斜め向いにある〈吉川食堂〉でホタテ貝を焼いていた笹原吉男さんからも、貴重な証言を得た。それは、

「むかし漁師が時期により、仮小屋を建てて住んでいた。水は良水であり、馬も放牧していた」

と。この旨を平内町の観光課職員に報告すると、郷土史家の『平内町史』編纂を担当された鬼《おに》

柳《やなぎ》恵照《よしてる》氏（青森県文化財保護協会・事務局長）をご紹介いただいた。氏によると、

「民宿のおばあさん・食堂のおじさんの証言は事実であり、現在も少量の水は出ている。大館・小館はアイヌのチャシであり、この附近一帯はアイヌが相当数住んでいたことは事実である。平内の町名もアイヌ語地名である。また、民宿がある所一帯から、大量の縄文土器・貝塚が出土している。そして、大島の名は和名であり、古代に於いてはアイヌ語地名があったものと思われる。弊賂弁の地名は不明である。」

とのことであった。

私は帰路青森市の港にある観光物産館の十三階の展望塔より夏泊崎・大島を望見した。周囲四キロもあるので、かなり大きな島に見える。岬寄りは小高い山であり、陸奥湾に突き出た後方部は、なだらかな平地であるのを見て、これはまさに天然の要害であり、アイヌが柵（チャシ）を築くには格好の島と思った。平時は陸地部の大館・小館に居り、阿倍比羅夫が攻めて来たので、この島に拠ったものであろう。島の突端部から晴れの日には北海道が望見できる。この島には同年十月三十日にも再度訪れ、時間をかけて周囲の探索を行った。

ここ大島は、『日本書紀』斉明紀六年の記述と、「岩波注」の「渡嶋の一部であって粛慎の地

ではない」との記述に、地形・情景ともまさにピッタリであった。「粛慎」がアイヌであればこそ、適合このうえもないと思うのである。二度にわたる調査で、「弊賂弁島」はこの「大島」に間違いない、との確信を持つに至った。

そして私が思うには、斉明紀六年三月の条に登場する粛慎ことアイヌは、夏泊地域に住んでいたアイヌだけではなく、北海道南部の渡島《おしま》半島のアイヌも参加していた可能性も充分考えられるのである。なぜならば、アイヌの船二十余艘だけにとらわれるのではなく、渡嶋蝦夷が千人ほども対峙して、その窮状を阿倍臣に訴えているからである。アイヌも相当な勢力だったと見なしたい。そして、この記事は旧暦の三月なので、津軽海峡は比較的穏やかな時期であり、アイヌの丸木舟でも、海峡を渡るのに十分可能だからである。このように推察する。

ここ夏泊半島・大島は、明治十一年以降東津軽郡に含まれるが、江戸時代は津軽藩の支藩黒石藩の飛び地であり、中世までは糠部に含まれていた（鬼柳恵照氏にご教示いただいた）。島の発掘・調査が待たれる。

なお、残る二つの島、一つは同じ平内町にある茂浦島《もうらじま》、周囲二キロ、円錐形の島で平地はなく、水も出ない。もう一つは浅虫温泉の眼前にある湯島、ここは周囲一・七キロ、円錐形であり、平地はほんの少し、水は出るが飲料には適さない。両方とも人が住み、柵を築ける島ではなかった。

夏泊崎より大島を望む

大島突端部

大島より夏泊崎にある民宿を望む

4　「大河」

次に「大河」について述べてみたい。従来説の「大河」は、北海道の石狩川や、ロシア沿海州の黒龍江（アムール川）など様々である。

また、古田氏もその著『真実の東北王朝』で、『東日流六郡誌絵巻　全』（「和田家文書」秋田孝季記、津軽書房刊）の地図上にも黒龍江を「大河」と記していたことからも、「大河」は黒龍江であるとしている。

秋田孝季は沿海州も旅しており、雄大な黒龍江を見て『日本書紀』斉明紀の「大河」はここだと思ったに違いない。彼の、蝦夷地（北海道）が「渡嶋」であるとした歴史観からすると、「粛慎」はツングース系民族であり、「大河」は当然黒龍江であると考えたのであろう。だが、果たしてそうであろうか。

そこで、論述に先立ち「斉明紀」六年の記事を再度掲げる。

「阿倍臣　名を闕せり。を遣して、船師二百艘を率て、粛慎国を伐たしむ。阿倍臣、陸奥《みちのく》の蝦夷を以て、己が船に乗せて、大河《おおかわ》の側《ほとり》に到る。是に、渡嶋《わたりのしま》の蝦夷一千余、海の畔《ほとり》に屯聚《いは》みて、河に向ひて営《いほり》す。営の中の二人、進みて急《にはか》に叫びて曰はく、〈粛慎の船師多に来りて、我等を殺さむとするが故に、願ふ、河を済《わた》りて仕官《つか》へまつらむと欲《おも》ふ〉といふ」

とある。要約すると次のようになる。

阿倍臣（名前不詳）を粛慎国征伐のために派遣した。二百艘の船団を率いていた。この船団には陸奥の蝦夷《えみし》（津軽蝦夷・齶田《あぎた》蝦夷・渟代《ぬしろ》蝦夷などか）も従えており、大河の辺に来たところ、そこに渡嶋蝦夷千人余りが海の畔の河に向かって屯聚していた。その中の二人が進み出て言うのには「粛慎の船師が多数やって来て我等を殺さんとしているので、河を渡るから配下に加えてくれ」と、阿倍臣に訴えた。

となる。

そこで、この記事から解ることとは、この「大河」の情景は「粛慎国」に赴く前の話となる。拙論は「渡嶋」が宇曽利・糠部であり、「斉明紀」の「粛慎」は後述するがアイヌであるので、「粛慎国」は北海道に比定される。従って「大河」は北海道以外の渡嶋か津軽の地、つまり青森県内になければならない、と考えた。

『日本書紀』斉明紀五年三月の『岩波文庫』注は、「シリベシはアイヌ語のshiri-petで大河を意味し、岩木川口附近とする説もあるが、未詳」としている。

岩木川について、『東日流外三郡誌』（第一巻）を見ると、「津軽実誌考抄」秋田孝季・和田長三郎吉次記に、

「地人是を神聖と崇め、父なる山、母なる川を巌鬼山（岩木山）、巌鬼川（岩木川）と称したり。また是を往来せる川故に行来川とも称し、海の彼方より見ゆる巌鬼山を遠望往来のめじるしとなる故に行来山と称したり」

とある。

また、同誌第三巻中世編（二）の「東日流大河之乱之事」に、

「十三湊は安東浦と称すが誠なり。かかる十三湊に流る大河あり。水源は十川、田光川、平

川、巌鬼川、汗石川をして行来川と称す。この流は東日流六郡に連なりて、水利と水運が安倍一族の領内を往来せる故以て行来河と号けられたり。」

とある。

「後方羊蹄」の項で記述したとおり、シリベシが津軽にあり、かつシリベシが「大河」の意であるならば、これは岩木川でなければならない。

『東日流外三郡誌』に幾度となく記載されている岩木川は、船が行き交う大きな河であった。岩木川の流域には渡船《わたりふね》（鶴田村—鶴田町）・「渡舟《わたしふね》」（出精村—現・つがる市）という地名もある（『角川』）。また、五所川原市や板柳町には「湊」という地名もあり、これらは十世紀以降に出来た自然堤防沿いにあるようであるが、(2) それにしても岩木川またはその支流の川幅が広いところから付けられた地名と考えられる。このことからも、「斉明紀」の時代は相当大きな河であったことは想像に難くない。

前述している「弊賂弁島」が夏泊崎の大島であるとなれば、「斉明紀六年」の舞台は津軽と糠部であり、阿倍臣対津軽蝦夷・渡嶋蝦夷の舞台もまた津軽である。そして、粛慎ことアイヌに圧迫されていた所は宇曽利・糠部であり、「粛慎国」は、アイヌの地・北海道のこととなる。

なお、「阿倍臣粛慎征伐」の主要舞台は、「弊賂弁島」の記事以外は北海道南部の渡島《おしま》半島であると考えていることから、[3]阿倍臣は沿海州には行っておらず、したがって「大河」は、沿海州の黒龍江でも、また北海道の石狩川でもなかった。渡嶋蝦夷が阿倍臣に窮状を訴える情景を考えると、十三湖・岩木川がまさに適合している。「大河」は岩木川であったという思いに至る。

余談になるが、私は当初「大河」を宇曽利・糠部の渡嶋の地に求め、小川原湖ではないかとの想いを抱いていた。そこに至るには小川原湖の古代の地形が気にかかっていたのである。ところが、ここの地形は現在と古代は全く違う、私の想いに適う地形図があったのである。これについては、『東奥日報』「小川原湖の四季」に掲載された田高昭二氏の説[4]にある。

この縄文時代の地形図から（太平洋に接し、大きな湾であり、最奥は七戸町まで入りくんでいた）現在の地形を考えると、「斉明紀」の時代は湾とか湖ではなく、あたかも大河の様相を呈していたのではないのか。

そこで、このような地形であることを前提に『日本書紀』の記述を見ると、渡嶋蝦夷が千人ほど集まるのには小川原湖は格好の場所だったのである。しかもそこは彼らの領域である。また、大河の情景にも適合している。

しかし、今から思えばよく解ることであるが、この記事の冒頭にある「粛慎国」の「国」の表記が問題であった。これに気がつかなかったのである。私は「斉明紀」の粛慎をアイヌと考えているので、よしんば宇曽利・糠部にアイヌが居ても、またアイヌが攻めて来ても、小川原湖は渡嶋蝦夷の領域であり、粛慎国は北海道と見なされることから考えると、論証に無理があった。それは、粛慎国征伐に赴くのであれば、阿倍臣が北海道を目指すのならともかく、何故に津軽半島・下北半島と回ってこの小川原湖まで来たのか、理解し難くなる。また、渡嶋蝦夷は、粛慎ことアイヌに圧迫されていて、その窮状を訴えるために阿倍臣に面会を求めたのであるから、阿倍臣を出迎えるのには小川原湖では遠すぎる。しかも「粛慎」の項で後述するが、阿倍臣は津軽の十三湊を蝦夷・粛慎攻略の基地にしたと考えられることから、渡嶋蝦夷はそこまで赴き、窮状を訴えたのではなかろうか。大河の情景が合致しても、記事全体の整合性に不具合があることが解った。そのことから、私の想いには至らなく、小川原湖を比定することに無理があったのである。

付記――『東日流外三郡誌』について

二〇〇六年十一月十一日は、私にとって生涯忘れえぬ日となった。東京八王子にある大学セミナーハウスにおける古田武彦氏講演会で、氏が持参した秋田孝季・和田長三郎吉次編纂の『東日流外三郡誌』寛政原本をついに見ることができた。公開されたのは膨大な史料群のうちの一冊ではあるが、とうとう陽の目を見たのである。古田氏にとっても、また古田フアンにとっても感慨無量、無上の喜び、待ちに待ったことであろう。会場は大きな驚きと喜びに包まれた。その書は、ひどい虫食い状態ではあったが、筆跡が記事ごとに違っていた。それと、既に公開されていて故・和田喜八郎氏が偽作したとして偽書扱いされていた明治写本と、喜八郎氏本人が書いた遺稿本の三点が同時公開されたからである。この書の刊行（明治写本を基にした北方新社版）を成し遂げられた故・藤本光幸氏の妹・竹田侑子さんよりセミナー前日に古田氏の元に届けられたそうである。

そしてまた、十二月七日、京都府向日市物集女公民館（古田氏ご自宅の近くにある）において、再び竹田侑子さんより送られてきた新たな史料、『東日流内三郡誌』一篇（寛政原本）・「秋田孝季自筆金銭借用書（和田長三郎吉次宛）」・「和田長三郎吉次作成の〈東日流外三郡大図〉」・その他「和田家資料」などが公開され、私も拝見した。私にとってこの日は、待ちに待った初孫が生まれたこともあり、二重の慶びとなる格別な記念日となった。

これら一連の公開により、寛政原本の秋田孝季・和田長三郎吉次、そして明治写本に係わった和田長三郎末吉、また先の大戦後の和田喜八郎氏、これらの人々が著わした書及び彼らの筆跡がはっきりと提示されたのである。

この『東日流外三郡誌』研究に精魂を傾けられた古田氏の心境はいかばかりか察するに余りある。私も本書で各所にこの書を引用していることからも、欣懐の極み、感慨ひとしおであり、涙が込み上げてきた。このようななか、これら資料の公開をもってしても偽書派の人たちはまだ偽書だと言い張るのであろうか。私は言いたい、今でも古田氏及びこの書にあらぬ誹謗・中傷している偽書派の人たち、彼らに一片でも良心があるのであれば、今までの所業に人として責任をとってもらいたいものである。

ところで、この『東日流外三郡誌』では「渡嶋」を北海道としている。これについては、この書は寛政年間つまり江戸時代中期に、史料収集・編纂されたものであり、編者の秋田孝季・和田長三郎吉次の歴史観によるところが大きい。そのため、六国史の「渡嶋」を北海道と見なしたものと考える。

そして、この書について私が思うことは、そもそもこれは三春藩秋田氏が先祖の安倍・安東氏の悠久の歴史を遺そうとしたことに始まるようであり、そのため一族の栄光をことさら飾り、また敗者の怨念を強調するあまりに、我田引水になっていることも多々ある。それに伴い間違いも多くあることは否めない。

しかしながら、北海道・東北の古代を唯一見ることもできる大変興味深い史料であり、かつまた数少ない東北古代史の史料として、安倍氏・安東氏に関る事績の裏付けにもなる。さらに言えば、この書に載っている古い地名や地図は、この地方の歴史研究に当って、この上もない貴重な存在となり得るし、当時の生活・文化を示した絵図は、民俗学上の宝庫であり、掛け替えのない史料である。

そのことは、アラスカから先祖の故地に帰ろうとして、糠部に辿り着いた「大筏」の記事の信憑性、また地名としては現存していなかった「渡嶋」を編者の歴史観により北海道に比定しながらも羊蹄・後方羊蹄・有間浜は、北海道ではなく津軽にあったという記録は、歳月をかけて足で資料収集した真実の裏付けでもあった――等々、随処に確かな驚くべき情報が満載されている。

そこで思うことは、「渡嶋」「蝦夷」、その他東北地方の古代史について、数多の書が刊行されているが、古田武彦氏と古田史学の研究者以外、誰一人同書を採り上げ、論述している人は管見の限り見当たらない。偽書だと思われているからではなかろうか。寛政原本が公開された今、貴重な歴史資料として『東日流外三郡誌』全六巻および『和田家資料』四巻(5)を、必見していただきたいと願う次第である。必ずや既成の北海道・東北地方の古代史に、風穴を開け、光明を見出すことになると確信している。

この書は編纂以来門外不出の扱いだったが、先の大戦後子孫の和田喜八郎氏によって寛政原本の明治写本が公表された。そして、このたびは原本そのものの公表である。いずれにしても、この書の公開により六国史記載の不明・疑問点が氷解したこと、私にとっては望外の喜びとするものである。

注

（1）『斉明朝における東北経略補考』滝川政次郎著（『史學雑誌』第67編　第2号所収　一九五八年二月　東京大學文學部内　史學會）。
（2）つがる市教育委員会佐野氏談。
（3）次の「阿倍比羅夫の粛慎征伐の真実」の項参照。
（4）一九七七年四月十二日・四月十九日発行。資料は三沢市歴史民族資料館小松かつ枝氏による。
（5）北方新社版で現在までの刊行書。

第五章　『日本書紀』の「粛慎」

1　誤認の粛慎

『日本書紀』に散見する、「阿倍比羅夫の粛慎（アシハセ・ミシハセとも言う。中国では後に挹婁《ゆうろう》と言い、その後近隣諸部族を併せて靺鞨《まっかつ》となった）征伐」について述べてみたい。

これについては、この本書の冒頭に述べたように、北海道庁編纂の北海道史の見解が、時の流れにより変わってきている。

まず、『新撰北海道史』（昭和十一年）は、

「阿倍比羅夫が沿海州地方に遠征してツングース系民族の粛慎を討った」

と記していた。しかし、その後の『北海道略史』（昭和三十七年）は、

「国史に云うところの粛慎は、沿海州地方に居たツングース系の民族で、それが大陸より南下して北海道の蝦夷と物々交換したり、或は雑居すると云う状態であり、それを阿倍比羅夫が征伐した」

としている。次いで『新北海道史』（昭和四十五年）は、「『日本書紀』の粛慎はすなわちツングース系民族」とされていたこれまでの通説に対して、

「阿倍臣の戦った粛慎がはたしてこれであるかどうかを確定することはできない。粛慎とは一定の民族ではなく、北方の蛮民を汎称したものであるとも考えられている。当時北方から渡島蝦夷を脅かした者があり、これを蝦夷と区別するために粛慎と呼んだのであろう」

と記している。つまり、『日本書紀』に散見する粛慎の見方が変わって来ているのである。

これで解るように、近年の見解は、阿倍比羅夫が沿海州地方に遠征したのではなく、北海道に遠征してアイヌ民族以外の北方民族を征伐したとしている。

しかし、これは「渡嶋すなわち北海道」・「渡島蝦夷すなわちアイヌ」という従来の構図が前提となっているので、アイヌと粛慎を区別するためにこのような見解をとらざるをえなかった

と思われる。
次に示すのは、粛慎に関する別の見方として、津田左右吉博士の見解である。博士は『日本上代史研究』で、粛慎はツングース系の民族ではなく、津軽地方に居た蝦夷の一派で、朝廷に帰順しない凶暴な住民を指すものだと述べている。

「即ち、渡島は服属した蝦夷の総称として用いられ、粛慎は概して化外の民と見られていたのであろう。地理から言えば粛慎も渡島に含まれるべきものであるが、政治的関係から区別して称えられたと考えられる」

と。これは、まだ古代蝦夷すなわちアイヌ、と言う観点に立っているため、このような窮屈な解釈をしたものと思う。

菅原道真撰の『類聚国史』(1)巻第百九十に、夷民の部のうち「風俗部」として（ルビ筆者）、

「国樔《くず》・隼人《はやと》・多祢《たね》・南嶋・掖玖人《やくじん》・蝦夷《えみし》・俘囚《ふしゅう》」

巻第百九十三には「殊俗部」として、

「高麗《こま》・渤海《ぼっかい》上」

巻第百九十九には同じく「殊俗部」として、

「耽羅《たんら》・呉国《ごこく》・崑崙《こんろん》・靺鞨《まっかつ》・粛慎《しゅくしん(みしはせ)》・帰来人《きらいじん》・渡来人《とらいじん》」

とある。この『類聚国史』は、六国史の記事を項目別に分類したものであるが、この夷民のうち、「風俗部」は国内における夷民、「殊俗部」は国外における夷民を記したものと考えられている。

したがって、津田博士が説いているように、粛慎が津軽蝦夷と同じであるならば、この『類聚国史』の分け方に当てはまらないことになる。この区分が妥当かどうかの論議はあるにしても、『日本書紀』のどの記事を見ても、蝦夷《えみし》と粛慎は明らかに別人種と認識できることから、津田博士の説は全く無理と言う他ない。

最後に田名網宏氏の説。これについては前述のとおり、粛慎は北海道アイヌであると論じている。

私は当初この説に全面的に賛同していたが、現在は少し見解を異にしている。近年の研究者の説も様々あるが、私はここで別の視点から論述を試みたい。

2　阿倍比羅夫の粛慎征伐の真実——『日本書紀』の「粛慎国」とは北海道である

『日本書紀』の「粛慎」の記事は、欽明天皇五年（五四四）十二月、斉明天皇四年（六五八）十一月・同五年（六五九）三月・同六年（六六〇）三月・同六年五月、天武天皇五年（六七七）十一月、持統天皇十年（六九六）三月と、以上七回出現している。

江戸時代の本居宣長以来、阿倍比羅夫の粛慎征伐は何回行われたのか、どこへ遠征したのか、多くの説があった(2)。

私は、『日本書紀』の「粛慎」記事のうち、阿倍比羅夫の粛慎関係は四回であり、記事内容から見て、その遠征は実質二回であると思っている。以下、これを検証するため、「粛慎」の記事を全て掲げ論証を試みる。

(1)欽明天皇五年（五四四）十二月の「佐渡嶋」に於ける記事、これが「粛慎」の初見である。

それは、

「渇《みづにう》ゑて其の水を飲みて、死ぬる者半《なかば》に且《なんなんと》す。骨《かばね》、巌岫《いわほのくき》に積みたり。」

「死ぬ者なんなんとす」「死体（骨）を積む」とあり、その数の多かったことが窺われる。また、「一船船《ひとふな》に乗りて淹留《とどま》る」とあることから単なる漂流民ではないと思われる。

その理由は、アイヌには大型船は無かったと考えられるので、渡島《おしま》半島から津軽の十三湊《とさみなと》まで来るのとはわけが違って、そこは佐渡嶋である。アイヌは基本的には近海漁業が主で、航海に長けた海洋民族ではないと考えられるので、アイヌの航海技術から類推すると、とても無理があると思われるのである。

そして、この記事は粛慎の初見であり、阿倍比羅夫粛慎征伐の百十四年前のことである。これらのことから考えると、素直にアイヌとは思えない。

これは沿海州に住むツングース系民族の一派が、直接やって来たのではなかろうか、本来の粛慎（この頃は靺鞨《まっかつ》と言われていた）であった可能性がある、という思いに至る。

(2)斉明天皇四年（六五八）十一月の記事について、

「是歳《ことし》、越国守阿倍引田臣比羅夫、粛慎を討ちて、生羆《しくま》二つ、羆《しくま》皮七十枚献《たてまつ》る」

とあり、生羆はヒグマのことであるので、したがって舞台は北海道であり、敵はアイヌであると考えている。

(3)同五年（六五九）三月の記事、

「蝦夷《えみし》国を討つ」「後方羊蹄《しりへし》を以て、政所《まつりごとどころ》とすべし」

とあることによって、ここの舞台は津軽である。そして末尾に、

「或本に云はく、阿倍引田臣比羅夫《あへひけたおみひらぶ》、粛慎と戦ひて帰れり。虜《とりこ》四十九人献《たてまつ》るといふ」

とあるが、この記事は前文と整合性がないことから、同六年五月の記事の重失と思われる。

この年は蝦夷攻略だけで、粛慎との戦いはなかったと思っている。

(4)同六年（六六〇）三月の記事、

「大河」「弊賂弁島」の記事であり、舞台は津軽と糠部、それに道南まで含まれる可能性もある。敵はアイヌである。

(5)同六年五月の記事、

「又、阿倍引田臣、名を闕《もら》せり。夷《えみし》五十余献《たてまつ》る。又、石上池《いそのかみのいけ》の辺《あたり》に、須弥山《すみのやま》を作る。高さ廟塔《めうたふ》の如し。以て粛慎四十七人に饗《あへ》たまふ」

とあるが、先の同五年（六五九）三月の記事、「虜《とりこ》四十九人献《たてまつ》る」がこの記事からの混入と思われる。そして、これは前記事六年三月の延長上にあり、戦いの記事ではない。

(6)天武天皇五年（六七七）十一月の記事、

「新羅、沙《さ》飡《さん》金《こむ》清《しやう》平《びやう》を遣《まだ》して政《まつりごと》を請《まう》さしむ。（中略）清平《しやうびやう》等《ら》を筑紫に送る。是の月に、粛慎七人、清平等に従ひて至《まうけ》り」

この記事は新羅の使節に伴われて来た粛慎であり、北海道・青森地方に出現する粛慎とは明らかに違うと思われるので、これは本来の沿海州に住む粛慎の可能性もある。しかし、沿海州の粛慎と言われた種族は、のち挹婁《ゆうろう》と呼ばれた時代を経て、この当時は靺鞨《まっかつ》と呼ばれていたので、隣接国の新羅人が引き具して来たとは言え、年代的な整合性から見て極めて疑わしい記事なのである。したがって、種族については今のところ不明としておきたい。

(7)持統天皇十年（六九六）三月の記事、

「甲寅《きのえとら》に、越《こし》の度嶋《わたりのしま》の蝦夷《えみし》伊《い》奈《な》理《り》武《む》志《し》と、粛慎《みしはせ》の志《し》良《ら》守《す》叡《え》草《そう》とに、錦《にしきの》袍《きぬ》袴《はかま》・緋紺絁《ひはなだのふとぎぬ》・斧《おの》等《ら》を賜ふ」

「越の度嶋」は「越国」に属する「渡嶋」の意。「粛慎の志良守叡草」は、渡嶋（宇曽利・糠部）に居たアイヌであろうと推察する。これは、両者とも同じ地域に住んでいると考えるべきであり、「渡嶋に住む蝦夷（エミシ）と粛慎（アイヌ）に報奨を賜う」となる。したがって、舞台は渡嶋で、粛慎とはアイヌである。

以上見てきた。「阿倍比羅夫の粛慎征伐」の記事四回のうち、前述のように遠征は実質二回であると考えるが、その舞台は北海道が一回（斉明天皇四年十一月）、津軽・渡嶋（宇曽利・糠部）が一回である（斉明天皇六年三月、これには北海道の渡島半島も含まれる可能性がある）。古来、「阿倍比羅夫の粛慎征伐」と華々しく謳われてきたが、具体的にはたったこれだけである。

古くは沿海州に遠征してツングース系民族の粛慎を討った。そして、近年の研究者の説は、その遠征先は北海道であることはほぼ一致している。しかし、その対象は渡嶋蝦夷すなわちアイヌであったり、ツングース系の粛慎であったり、またオホーツク海民族であったり、諸説入り乱れている。このようになった理由として、渡嶋が北海道である、また渡嶋蝦夷がアイヌであるとするところから、区分けに苦慮し、無理・混乱が生じていると思うのである。そのため、阿倍比羅夫粛慎征伐の実態が曖昧模糊になってしまったのであろう。

そこで、私の結論は、渡嶋は北海道ではないというのが前提で、阿倍比羅夫の遠征先は津軽十三湊を基地として、宇曽利・糠部の渡嶋と北海道の道南（渡島半島）、あるいはせいぜい遠くても道央地方へ遠征したもの、そしてその対象はアイヌである、と。

ただし、この当時の北海道には、アイヌ以外にニヴヒ（ニブフとも言う。旧呼称・ギリャーク）・ウイルタ（旧呼称・オロッコ）などのオホーツク海民族やツングース系民族なども少数ながら雑居していたことは否定できない。

彼らの居住地域は、道北・道東・道央であり、道南には管見の限りアイヌ以外の北方民族居住の痕跡は無いと思っているので、阿倍臣の遠征が道南であれば対象はアイヌのみ。仮に道央まで行ったとしても、数の上で圧倒的に多かったのはアイヌであるので、これら北方民族も含めて（とは言っても含まれる可能性は極めて少ないとは思うが）、アイヌとしたことをお断りしておきたい。

したがって、前述していることであるが、後方羊蹄・有間浜・弊賂弁嶋・大河の比定地などを考え併せると、「斉明紀六年三月」の「粛慎国」は蝦夷地（北海道）に他ならない、と考える。また、『続日本紀』養老四年の条の、「渡嶋津軽津司の諸君《もろきみの》鞍男《くらお》等を靺鞨国へ遣わした」の記事について、六国史に一回だけ出現しているこの靺鞨は粛慎の後称であると見なされているので、これは蝦夷地（北海道）へ派遣したものと考えている。

高倉新一郎博士は、その著『蝦夷地』[3]で、

「石狩低地帯の南縁に、奈良朝時代の日本の古墳出土品と同じ副葬品を持った盛土式の墳墓が、和同開珎さえ伴って発見されているところを見れば、阿倍臣の遠征は必ずしも架空の記事ではないように思われる」

と。これは、渡嶋蝦夷征伐に関しての裏付けとしたものであるが、靺鞨との交流の結果と考えれば納得できる。

そして、『十三往来』(4)に出現する十三湊での蝦夷《えぞ》交易のことや、『東日流外三郡誌』に頻出している安東船の蝦夷地及び外国との交易などからも、交流の事実は明らかである。

なお、かの有名な宮城県の「多賀城碑」の金石文「去靺鞨国界三千里」の靺鞨国については、古田氏が『真実の東北王朝』で述べておられる通り、これは「三千里」の距離からいっても本来の沿海州の靺鞨国であると思っている。

また、六国史に見える渤海国《ぼっかいこく》との交流（神亀四年〈七二七〉より始まる）については、沿海州から満州・北朝鮮にかけて靺鞨を中心として勃興した渤海国のことであり、この交流記事は疑いのない事実であろう。付言しておきたい。

津田左右吉博士は『日本上代史研究』(5)で、

「阿倍臣の遠征は津軽蝦夷の要望に応えて、越の国主が単独で遠征したものである」

と、述べている。「越の国主が単独で」云々は納得できないが、「津軽蝦夷の要望に応えて」というのは妥当なように思う。それは、渟代蝦夷（能代地方の住民）・齶田蝦夷（秋田地方の住民）

と渡嶋蝦夷に挟まれ圧迫された津軽蝦夷が、現状を打開するために、阿倍臣比羅夫に援けを求めたという見方もできる。

ところで斉明紀に、「阿倍臣名を洩らせり」とある。前述しているが、これは古田氏が『真実の東北王朝』で述べておられるとおり、国史の『日本書紀』にあって、東北地方攻略の第一人者・大将軍の名前が判らないとは、到底考えられない。したがって、この記事は大和王朝の事績ではなく、当時の日本列島を支配していた九州王朝の事績を盗用したもので、阿倍比羅夫は九州王朝の大将軍であったのである。

これが、阿倍比羅夫の粛慎征伐の真実であると考えている。

なお、『日本書紀』斉明天皇五年（六五九）に登場する肉入籠《ししりこ》・胆振鉏《いふりさえ》・問菟《とい》については、その比定地は青森県津軽地方か秋田県にあったと思われるが、残念ながら具体的には、今のところ不明と言わざるをえない。

注

（1）『類聚国史』菅原道真撰（『国史大系』第六巻後編　所収）。

（2）『齊明紀「渡島」再論――滝川博士の批判に答える』田名網宏著に詳しい（『史學雜誌』第六七編　第一一号所収　一九五八年十一月　東京大學文學部内　史學會）。

（3）『蝦夷地』高倉新一郎著　一九五九年　至文堂。

（4）『十三往来』建武年間、相内山王坊阿吽寺の僧弘智法師作？又は室町中期頃妙見堂三王坊作？（中道等編『津軽旧事談』所収　一九二五年）。

（5）『日本上代史研究』津田左右吉著　一九三〇年　岩波書店。

むすび

「渡嶋《わたりしま》」が北海道であるという通説が生まれた根本原因は、東北地方の民《たみ》「エミシ・エビス」と北海道の異民族「アイヌ」に同じ「蝦夷」の字を充て「エゾ」と訓じたためであった。しかし、近年になって「エミシ・エビス」と「エゾ」は違うということが一般的になったにもかかわらず、元の「渡嶋北海道説」に回帰して来ている。その結果、過去の津田左右吉説が東北地方で民族の区分けに苦慮したように、現在の通説は、渡嶋蝦夷がアイヌとなったことから、北海道で粛慎やその他の北方民族の区分けに苦慮し、無理・混乱が生じている、と思うのである。

重ねて述べるが、六国史の「蝦夷」には「エゾ」の読みはないのである。つまり、この当時の東北地方の民は「エミシ・エビス」であり、「エゾ」ではないので、六国史の「蝦夷」は全て「エミシ・エビス」と訓じなければならない。したがって「渡嶋」の比定地をアイヌ居住地、つまり「エゾ地」である北海道に求めることは間違いなのである。

また「渡嶋」は、津田左右吉博士が称えた東北地方の総称でも、村尾次郎氏・松原弘宣氏の秋田・能代説、小口雅史氏および他の方の津軽海峡説でもなかったのである。

「渡嶋」は、六国史の記事を検証した結果、また当時においては北海道がアイランド（島）であるとの認識がなかったことなどから、北海道に比定することに無理があった。単純に「島に渡る」の観点から、六国史の「渡嶋」を北海道に充てることは間違いだったのである。

そして、「渡嶋」の語源の「ワ・タ・リ」は〈祀りを行う大いなる拠点〉の意、「シマ」は〈人が生き死にする場所〉の意であった。

また、〈「渡」地名遺称〉の項で論述している「渡」地名全国分布状況が示しているとおり、ここが「渡」の中心地であり、「渡文明」の地であった。

以上のことから「渡嶋」は北海道ではなく、「恐山・仏ヶ浦」のある「宇曽利・糠部地方」、現在の青森県東部一帯であった、と結論づける。

一方、「粛慎」についてはどうであろう。従来説は、「渡嶋」が北海道、「渡嶋蝦夷」がアイヌに比定されたことから、「粛慎」の居住地は北海道より遠い所となったようである。その結果、沿海州に住む本来のツングース系民族の「粛慎」となったことは当然の帰結である。また、「阿倍比羅夫粛慎征伐」も、遥か彼方の沿海州まで遠征するということは、壮大なロマンであるには違いないが、近年これについて、『新北海道史』が示している通り、多くの論者の見解は、遠い沿海州まで遠征したのではなく、舞台を北海道とした。そのため、前述のようにアイヌをはじめ、道内に住んでいたであろう様々な民族の区分けに苦慮することになり、その結果「粛慎」とは一体何者なのか、ますます曖昧模糊となってしまったのである。

私は、北海道を大陸と間違え、そこに住むアイヌを「粛慎」と誤認した、と結論づけた。したがって、「粛慎」とは『日本書紀』「欽明紀」・「天武紀」の種族は不明であるが、「斉明紀」・「持統紀」に関してはアイヌであり、「粛慎国」とは蝦夷地（北海道）であったのである。

また思うに、東北地方最奥の津軽半島と下北半島、そして北海道の渡島半島は津軽海峡を挟む同一文化圏であった。つまり、考古学や地名学の上でも、両地方の民族交流の上でも、文化的に極めて密接な関係にあった。しかしながら、これまでに津軽の方が、宇曽利・糠部地方よりも政治的な面でも文化的な面でも、そして近年における学術研究の面でも、はるかに脚光を浴びてきた。

津軽半島の龍飛崎と北海道松前半島の白神岬との直線距離は約一九・五キロ、それに対する下北半島の大間岬と亀田半島の汐首岬との直線距離は約一八・三キロで、ほぼ同じである（国土地理院調べ）。それなのに、どうして津軽と下北の扱いに格段の違いがあるのだろうか。それは、「恐山の特異な風土の成せる業」と言わざるをえない。そのため恐ろしい土地・未開の地・後進地帯の観があったのではなかろうかという思いに至るのだが、これは言い過ぎであろうか。

それにしても、大和朝廷に対する抵抗勢力として存在した東北地方最後の、というか日本列島上（北海道・沖縄を除く）最後の地域であった「渡嶋」が、『日本紀略』寛平五年（八九三）の記事以降、文献からなぜ突然消えてしまったか。その理由として私は次のように考えている。

それは、六国史編纂者たちすなわち大和朝廷側が宇曽利・糠部地方について、「ワタリ・シマ」と言われた現地呼称に、古の「ワタリ・シマ」の語源が違っていたのに気づかず、島であるとの認識から、「渡嶋」の字を充てた。それが、大和朝廷の支配下に入って後、「シマ」の語がアイランドの「島」として一般的になってき、それに現地の地形がそぐわなかったために消えてしまったのではなかろうか。

また、陽成天皇元慶三年（八七九）の「渡嶋の夷首百三人が、種類三千人を率いて、秋田城に詣でる」の記事は、都人に怖れられていた「ワタリ・シマ」地方が大和朝廷に服属した画期的なことを物語っていた。それは、大和朝廷による日本列島上最後の地域の征服でもあった。そしてまた、十世紀以降この地は津軽の安倍・安東氏の支配領域になったと考えられることからも、勝者の論理により、大和朝廷にとっても、津軽の安倍・安東氏にとっても〝忌まわしくもあった〟「ワタリ・シマ」の語を抹殺した、と。

すなわち、「阿蘇辺族《あそべぞく》」対「津保化族《つぼけぞく》」、次いで「安日彦《あびひこ》・長髄彦《ながすねひこ》一派」対「津保化族」、その後の「津軽蝦夷《つがるえみし》」対「渡嶋蝦夷《わたりしまのえみし》」、この対立の構図に見られる〝怨念〟を払拭するため、「渡嶋」の語を地上から消し去ったものと思われるが、その語は消えても風土・人情からはその感情を消すことはできなかった。そのことは津軽と宇曽利・糠部両地方の対立が、近世までも引き継がれた歴史が、雄弁にそれを物語っている。

第Ⅱ部　「上・下」「前・後」の地名考——地名にみる多元的古代の証明

第一章　『倭名類聚抄』にみる「上・下」「前・後」

序　地名には動かしがたい真実がある

「上・下」「前・後」の付く地名は全国至る所にある。ちなみに、この区分を示す地名の付け方は、大和朝廷の天皇が都する所や、大和朝廷が定めた国府を中心にして、そこから近い所を「上・前」、遠い所を「下・後」としたという政治的見地、あるいは川の上流・下流という地形的見地などにより位置づけられたというのが通説のようである。

ところが、古代の地名を収録している最古の辞典とも言うべき『倭名類聚抄』（『和名抄』とも言う）[1]を見ていたところ、不思議なことに気がついたのである。それは、『和名抄』の記録の仕方として、基本的には大和や京の都に近い方の「上」地名を先に記載し、その後に遠い方の「下」地名を記載しているのに、三カ所だけ違って「下・上」の順で逆になっていたのである。従来、これは編者の単純な書き順ミスだと処理されていたようである。

しかしながら私は、この記述が何かを暗示しているのではないか、つまり地名命名時の権力の所在地が違うことを示しているのではないか、と思ったのである。

そこで、『和名抄』に記載されている「上・下」のセット地名二十四カ所の全てについて調べてみようと思い立ったのである。併せて「上・下」「前・後」の付いた国名についても検証を試みた。

大宝元年（七〇一）に、九州王朝倭国から大和王朝に政権が交代して、新生日本国の成立となった。(2) それにより、地名もまた大和朝廷政権下の枠組みの中に縛られていくが、それ以前に生まれた地名からは、むしろ「多元的古代」が見えてくるのではなかろうか。

なお、この本章の地名考察は、各地の県史や辞典類、その他の刊行されている書物および地図を基にしての作業仮説であることをお断りし、諸兄のご批判を仰ぎたい。以下に検証を試みる。

1 「下・上」順記載の地名考察

まず、『和名抄』で「下・上」順に記載されている、尾張国丹羽郡下沼・上沼、伯耆国久米郡下神・上神、筑前国下座郡・上座郡の三カ所の地名について、考察を試みる。

【尾張国―丹羽郡《ニハ》～下沼《シモツヌ》・上沼《カミツヌ》】

丹羽郡は、愛知県の北西部、尾張国の北部に位置し、北辺は木曾川に臨み、対岸は岐阜県。郡域は、現・犬山市・江南市・岩倉市を含み、小牧市の北部まで広がっていた。

この丹羽郡は、古くは「邇波県《ニハノアガタ》」（『先代旧事本紀』「天孫本紀」(3)、『続日本後紀』(4)）とあり、丹羽郡の初見は「円満寺文書」によると和銅二年（七〇九）の「尓波郡」、『日本後紀』(5)弘仁五年（八一四）七月の条や『尾張国風土記』(6)逸文では「丹羽郡」と記している。

下沼郷は、現丹羽郡扶桑町に比定されていたが、一宮市丹陽町三ツ井から「下乃神口」と書かれた十一世紀頃の陶器皿の出土したことにより三ツ井説もある。

上沼郷は、現・犬山市上野《かみの》説と、現・岩倉市神野《かみの》説がある（『日本歴史地名大系』。以後『大系』と略称する(7)）。

古代の邇波県には、『続日本後紀』承和八年（八四一）に県主前利連《アガタヌシサキトノムラジ》と『先代旧事本紀』「天孫本紀」に邇波県君祖大荒田女子玉姫とあることから、県主・県君の二種の首長がいたらしい（『角川日本地名大辞典』。以後『角川』と略称する(8)）。

ここは、往時都からは東海道からも東山道から見ても、下沼の方が大和に近い。通説とは逆である。なぜなのか、何を基準に分けられ、命名されたのか。そこで尾張国の古代の考察から、検証を試みることにしたい。

尾張国の古代は、通説では四～五世紀頃には既に大和朝廷の支配圏にあったとされている。また『古事記』(9)『日本書紀』(10)は、日本武尊《ヤマトタケルノミコト》説話や尾張国の豪族尾張氏と大和王家との婚姻関係・結び付き・支配関係をことさら強調している。しかし果たしてそうであろうか。

三関というのがある。『広辞苑』(11)によれば、

「愛発関《アラチノセキ》」—奈良時代三関の一、越前の愛発山の辺りにあった関。古代の北陸道の要衝。七八九年廃す。

「不破関」—三関の一、岐阜県不破郡関ヶ原町にあった関所。近江京防衛上東山道を扼するために置かれた。

「鈴鹿関」—三関の一、七〇一年開設。伊賀・伊勢・近江の国境にあって、東西の要衝に当る。三重県鈴鹿郡関町の南方、大字関台の辺りが遺址だという。七八九年廃止。

とある。

三関が設置されてから、その東は関東と呼ばれ、東戎《アズマエビス》の住む地とされた。いわゆる、化外の地の類である。ちなみに関東の語は東遷し、鎌倉時代になって現在の地を指すようになった。このことから解ることは、三関の置かれた当時（八世紀前半）、尾張国は大和朝廷の支配圏であったとしても、蔑まれた民の地であったことが窺える。

古墳時代の尾張地方の古墳は、四世紀代の約一〇基、五世紀代の約五〇基、六～七世紀代の

約六〇〇基が確認されている（『大系』）。特に南部には六世紀前半の造営とされる、東海地方最大の全長一五〇メートルの断夫山古墳《だんぷさん》があり、すぐ近くに熱田神宮もある。ここは『日本書紀』に言う瓊瓊杵尊《ニニギノミコト》の子である天火明命《アメノホアカリノミコト》を祖としている「尾張連・国造家」の支配する所でもある。これらのことからもこの地方には、相当の古代王権が存在していたことは疑いない。

一方、北部の丹羽郡にも邇波県主・邇波県君の二種の首長が存在していた。この県の設置について、通説では大和朝廷の行政区画としているが、これも大和朝廷一元史観に基づいているもので、大和朝廷が設置したものではなく、九州王朝の行政区画である（『法隆寺の中の九州王朝』[12]）。

これらのことから解ることは、丹羽郡成立（七〇一年以降）以前には「評」があったと考えられ（郡の前は評）、そのまた以前の邇波県が存在していた時期は、大和朝廷の支配圏ではなく、九州王朝の一員である「邇波国（仮称）」の支配圏にあったと考えるべきである。「県君」の「君」称号は古代のクニの王跡と考えられ、数多の古墳があることもその証左であろう。

したがって、下沼・上沼と命名された時期は古く、大和王朝の都との関係ではなく、邇波国の王都に対して位置づけられたと考えたい。つまり、王都のある所、または近い所が「上」であり、遠い所が「下」となった。

【伯耆国―久米郡～下神《シモノカミ・シモツミワ》（しもつわ）・上神《カミノカミ・カミツミワ》（かみつわ・かづわ）】

下神は現在の鳥取県東伯郡北条町。天神川の下流域。幹線道路上大和に近い。

上神は現在の鳥取県倉吉市大字上神一帯。天神川の上流域。大和に遠い。この地域は「神」の字の密集地帯である。松神もあり、かつては神代もあった。神社・神様の遺構が色濃く残っている。下神郷域内の式内社・国坂神社の祭神は「大国主命」や「少彦名命」とも言う。上神には祭祀遺跡として有名な谷畑遺跡や西山遺跡・上神大将塚古墳・猫山遺跡・クズマ古墳群などがあり、遺跡の密集地帯である（『大系』。『倉吉市史』[13]）。

『先代旧事本紀』「国造本紀」[14]に、伯岐国造大八木足尼《オオヤギノスクネ》は出雲臣の同族とある。出雲国とは隣国でもあり、出雲王朝の頃からその支配圏・文化圏でもあつた。

出雲王朝はその後天照大神《アマテルオオカミ》の天国《アマクニ》（壱岐・対馬を中心とした海人族の国）に「国譲り」をして、その支配下に入り、瓊瓊杵尊による天孫降臨のあと、九州王朝の支配圏となった（古田武彦氏説）。

それでは、地名の位置づけは、どこを基準に命名されたのであろうか。

まず、国府が八代（旧社村・現倉吉市）にあったと考えられているので、上神はこの国府にも近いことから、国府を中心にして命名されたともいえる。また、天神川の下流・上流の地形的見地から命名されたとも考えられる。しかし、下神・上神はこの地域の特殊性から、命名時期はかなり古いと思われる。推論ではあるが、出雲王朝時代からの地名ではないか。それゆえ、出雲の都に近い方が「上」となり、遠い方が「下」となったと思えるのである。また、九州王朝時代の命名であったとしても上神は筑紫の倭都に近く、下神は遠い。いずれにしても大和に対する位置づけではなかった。

【筑前国――下座《シモツアサクラ》郡（しもつくら・しもざ・げざ）】

郡名の比定地は福岡県甘木市一帯。筑後川水系・佐田川下流域。当時の幹線道路上から見て、大和に対しても九州王朝の倭都（太宰府）にも近い。

甘木市に美奈宜《みなぎ》神社が二社ある。一社は佐田川下流の林田《はやしだ》にあり、もう一社は佐田川上流の荷原《いないばる》にある。両社で本家争いをしているが、まだ決着がついていない。林田は下宮、荷原は上宮との説もある。(15)

『甘木市史』(16)によれば、古賀益城氏の説として、この地方の地名「朝倉」・「下座・上座」の郡名について、次のような見解を載せている。「座という文字には、天皇の位を指す高御座《タカミクラ》のように、位などを意味するクラという訓がある。また、古代においては、聚楽の東方に位置して目立つ山は神の朝の座とされたと言われている。朝倉社や朝倉山に見られるように、アサクラの語源もかかる神の朝の座というところに求められるのではないだろうか。」としている。

これについては拙書『新説伊予の古代』「越智国の盛衰」で既述しているが、古田武彦氏の「言素論」(17)に基づいて「アサクラ」の語源を述べると、次のようである。

「ア」は阿波・安房・阿蘇などに見られる接頭語

「サ」は土佐・宇佐などに見られる領域を示す語

「クラ」は祭り（祀り）の場の意

となり、縄文時代から続く言葉ということである。

それでは地名の位置づけについて述べることにしたい。

【上《カムツアサクラぐん》座郡（かみつくら・かみざ・じょうざ）】

比定地は福岡県朝倉町一帯。筑後川水系・桂川上流域。当時の幹線道路上から見て、大和に対しても九州王朝の倭都にも遠い。

下座・上座の地名命名の位置づけは、大和に対してまた九州王朝の倭都に対しても逆転している。美奈宜神社に起因している可能性も考えられたが、下宮・上宮説の位置も逆転している、同じ川の上流・下流でもない。つまり、政治的・地形的見地も当てはまらないのである。しかし、この下座・上座の地名位置が逆転していることについて、次のような見方ができる。その答えは古賀達也氏の「九州王朝の筑後遷宮」説である。すなわち、「四世紀後半から六世紀後半にかけて、九州王朝倭国は、博多湾岸から、筑後の三潴《ミヅマ》郡・現久留米市辺りへ遷宮した。その後太宰府へ遷都」(『新・古代学』第四集)(18)というのである。

したがって、筑後遷宮時代に命名されたのであれば、都に近い方が「上」となり辻褄が合って論証が成り立つ。また、前述の「朝倉」の地名を「上座」としたことからも、遷宮の一端が窺えるのではなかろうか。これによっても古賀達也氏の説が正しかったことが裏付けられた。

以上見てきたように、『和名抄』の「下・上」記載順の三カ所は、単純な記載ミスとするのは間違いである。まさしく、その地名こそは当時政治の中心地が複数あった痕跡を示したものにほかならない。

2　中国・九州地方の「上・下」順記載の地名考察

【備前国―上道《カミノミチ》郡(じょうどうぐん)】

『和名抄』東急本に「加无豆美知」、刊本に「加無豆美知」の訓がある。『国造本紀』に上道国造あり、『日本書紀』応神紀二年九月の条に上道県の記載あり、吉備氏・吉備上道臣氏の支配領域。

『日本書紀』雄略紀「田狭」・清寧紀「稚媛」の大和王朝に対する反乱記事に上道氏が出現している。

郡域は現岡山県赤磐郡瀬戸町の一部と、岡山市の吉井川西岸から旭川東岸に至る南部の沖積平野を中心とした地域（『大系』）。

【備中国―下道《シモツミチ》郡（かどうぐん）】

『和名抄』東急本・刊本は「之毛豆美知」と訓ずる。

『日本書紀』雄略紀七年八月の条に、吉備下道臣前津屋《サキツヤ》の反乱記事あり、吉備下道臣氏の支配領域。郡の前に評があったことが、藤原宮出土の木簡に「吉備中国下道評二万部里」によって確認できる（『角川』）。

郡域は現在の岡山県吉備郡真備町、川上郡川上町・備中町・成羽町、高梁市と総社市の高梁川左岸、小田郡美星町一部を含む地域（『大系』）。

吉備国は、『日本書紀』の「国生み神話」に「吉備子洲」（児島半島）として登場している古い国である。『日本書紀』崇神紀九年四道将軍の一人として吉備津彦、そして壬申の乱の時は吉備国守当摩公広嶋《タイマノキミヒロシマ》が出ている。この間、吉備臣・吉備上道臣・吉備下道臣など吉備氏関係の名前が頻出している。また『古事記』や『日本書紀』は大和王家との婚姻関係の説話を載せ、ことさら大和朝廷と吉備国との支配関係を強調しているように思える。しかし、果たして真実であろうか。

吉備国には大和王家の陵墓に匹敵すると言われている、有名な四世紀末の造山（岡山市、全長三五〇メートル）・五世紀中葉の作山（総社市、全長二八六メートル）の巨大古墳がある。

ここには評があったことから、少なくとも白村江の戦い（古田武彦氏説は六六二年・通説は六六三年）までは大和王朝の支配圏ではなく九州王朝内の一王国ではなかったか（九州王朝の統治形態は九州島及び周囲の島々は直轄領、他の地域は「評」制度実施以前においては、ゆるやかな国家連合と私は考えている）。そのことは、吉備上道臣田狭が九州王朝の領土であった朝鮮半島任那の経営に当っていたことからも窺える。

また『日本書紀』敏達天皇十三年（五八四）の条に「仏教が播磨国より尼三人によって初めてもたらされた」との記事が見られるが、これは何を物語っているのか。六世紀においても播磨国以西が大和王朝の支配圏ではなかった、ということにほかならない。

上道氏や下道氏の大和王朝に対する反乱の記事などは、反乱ではなく、大和王朝の吉備王国に対する侵略記事である。

しかし、白村江の戦いの後から次第に大和王朝に侵略され、ついに大宝元年（七〇一）、大和朝廷による日本国の成立で、完全に大和朝廷の支配圏に組み込まれた。

このことから考えると、通説の大和の都に対して上・下に分割したということは当らない。五世紀の「上道県」の記事をそのまま鵜呑みには出来ないにしても、相当古く少なくとも六世紀には上・下に分割されていたと考えたい。

そこで、吉備国は吉備氏の都のある所（『和名抄』にある上道郷、現岡山市）を中心に上道とし、上道氏を頂点に和氣氏や三野氏などが支配した。

一方後方は、のちの備中国・備後国に跨る一帯を下道として、下道氏を頂点に賀陽氏・津氏・窪屋氏・小田氏・笠氏などが支配したと考えている。

なお、国名の前・中・後については後述する。

【筑後国―上妻《カミツマ・コウツマ》郡】

古くは上陽咩《カミツヤメ》であり、和銅六年（七一三）「郡郷名を好字二字表記の令」（『続日本紀』）により上妻郡となった。『筑後国風土記』[19]に上妻県の記載有り。県《アガタ》は九州王朝時代の行政区画である。

郡域は福岡県八女郡広川町（郡衙跡あり）、八女市（九州王朝の天子「磐井」の墳墓と比定されている岩戸山古墳あり）、筑後市の一部に比定されている。矢部川の上流域に位置し、当時の幹線道路上（駅路・官道）から見ると九州王朝の倭都（太宰府）に近い。また、筑後遷宮時代の都の所在する所でもある。どちらの場合でも、地名命名の位置づけは「上」である。
案外、上座・下座の分割命名時期と同じではなかろうか。この時に陽咩を上・下として分割命名した可能性も考えられる。

【下妻《シモツマ》郡】
古くは下陽咩《シモツヤメ》である。郡域は福岡県筑後市。矢部川の下流域。当時の幹線道路上（駅路・官道）から見ると九州王朝の倭都（太宰府）に遠く、また筑後遷宮時の都の位置からも遠い。したがって「下」となった。

【豊前国―上毛《カミツミケ》郡（かみげ）】
『筑後国風土記』に上膳県《カミツミケノアガタ》の記載あり。古くは三毛国ともいわれた。[20]
郡域は福岡県豊前市、築上郡大平村。山国川を挟んで北側（『豊前市史』）。上膳県とあることから、上・下の分割命名時期は九州王朝時代である。
当時の幹線道路上から見て九州王朝の倭都（太宰府）に近いので「上」となる。

【下毛郡《シモツミケ》（しもげ）】

郡域は大分県下毛郡山国町・耶馬溪町・本耶馬溪町・三光村、中津市。山国川挟んで南側（『豊前市史』）。

当時の幹線道路上から見て九州王朝の倭都に遠いので「下」となった。

【対馬国―上縣郡《カミアカタ》】

長崎県上県郡。北に位置している。九州王朝の倭都にも大和王朝の都にも遠い。朝鮮半島に近い。

【下縣郡《シモアカタ》】

長崎県下県郡。南に位置している。九州王朝の倭都にも大和王朝の都のどちらにも近い。通例とは逆になっている。この「上・下」の位置づけは次のように考察する。

上県と下県の境に浅茅湾があり、その最奥部の小船越に「阿麻氐留神社」がある（『風土記』にいた卑弥呼(21)』）。ここは古代の玉調《たまつき》郷で、これより北の広い地域を「上」とし、狭い地域を「下」とした。このように命名した時期は、「天孫降臨」以前の「天国」の時代、つまり天照大神の時代まで遡るのではないか(22)。とすれば、この上県・下県は、伯耆国の下神・上神と共に、上・下地名としては日本列島上最も古いことになる。

もう一方、上県が朝鮮半島南部に近く、そして半島南部には倭人が住んでおり（倭人の国もあった）、また濟州島には現在でも海女が多数いることなどから類推して、半島南部が対馬の天族（海士族）にとって、第二の故郷（第一は中国の江南地方か）ではなかったか。そのため半島南部に対して「上・下」が位置づけられた、ということも考えられる。これは正しく極めて恐ろしい論証となるかもしれぬが、全くの仮説であり、諸兄のお考えに委ねたい。

以上、中国・九州地方の「上・下」記載順の地名を見てきた。そのことから解ることは、これらの地方全ての「上・下」地名が、大和王朝の都に対する位置づけではなかったということである。それは、歴史的経緯から見ても、大和王朝以外の時の権力があった都に対して、位置づけ命名されていたのである。

3　近畿以東の「上・下」順記載の地名考察

【相模国―足柄上郡《アシカラノカミ》】

「足辛乃加美」の表記もある。和銅六年（七一三）の「好字二字表記の令」により足上郡となる、上・下分割の時期は明らかではないが、『続日本紀』によると郡名の初見は霊亀元年（七一五）。

郡域は現在の神奈川県小田原市上曽我・曽我別所と北部地域、足柄上郡大井町、南足柄市一部地域（『神奈川県史』[23]）。

幹線道路（東海道）から見て、大和の都に近いので「上」となった。

【足柄下郡《アシカラノシモ》】

右記と同様、足下郡となった。現在の小田原市高田・田島・鴨宮と中部地域（『神奈川県史』）。大和の都に遠いので「下」となった。

【遠江国―長上郡《チヤウノカミ・ナガノカミ》】

古くは長田評、のち長田郡。『続日本紀』によると、和銅二年（七〇九）の領域拡大につき上・下に分割。天竜川の西側地域と推定されている（『静岡県史』[24]）。分郡は大和朝廷時代。大和の都に近いので「上」となった。

【長下郡《チヤウノシモ・ナガノシモ》】

右記と同じ。天竜川の東側地域と推定されている（『静岡県史』）。

大和の都に遠いので「下」となった。

【武蔵国―幡羅《ハラ・ハタラ》郡〜上秦《カミツハタ》・下秦《シモツハタ》】

郡域は現在の埼玉県大里郡妻沼町と深谷市・熊谷市の一部。渡来人秦氏の居住地域と考えられている（『埼玉県史』）(25)。

上秦は、現在の妻沼町から熊谷市大字上奈良一帯とする説と熊谷市下上中条一帯とする説がある。平安期に見える郷名。

下秦は、現在の熊谷市下奈良・上中条を中心とした地域に比定する説がある（『大系』）。地名比定が特定できていないため、上・下の位置づけは、明確にはできない。しかし、比定地が上奈良・下奈良地域であるならば、上秦は平安京に近いので「上」、下秦は遠いので「下」となる。平安時代に地名が成立したと考えたい。

【美濃国―大野郡〜上杖《カンダケ》・下杖《シモタケ》】

郡域は現在の岐阜県揖斐郡谷汲村・大野町全域と、池田町・揖斐川町・久瀬村・藤橋村、安八郡神戸町・本巣郡穂積町・巣南町・真正町・糸貫町・根尾村の各一部にあたる。

上杖の古代の訓はカミツタケ。郷域は現在の揖斐郡大野町上秋《かんだけ》を含む富秋地区に比定されている。藤原宮出土の木簡に「大野評阿漏里」とあり、この阿漏里が奈良時代に入り上下に分割、上が上荒郷となり上杖となった。

地名成立は奈良時代（『大系』）。

一方、上杖は、古くはカミツアキのちカンタ（ダ）キ更にカンダケとなった（『角川』）。

下杖の古代の訓はシモツタケ。郷域は根尾川（藪川）の下流域の大野町黒野・相羽・六里・下方・麻生一帯と現在本巣郡に編入されている糸貫町を含む地域を比定している（『大系』）。

奈良時代に地名成立。平城京に近い方が「上」。遠い方が「下」となる。

【伊勢国―飯高《イイタカ》郡～上枚《カミツヒラ》・下枚《シモツヒラ》】

『続日本紀』によると飯高郡は、飯高県造であった名族・飯高君の居住地であったことにちなむ。水銀の産地・丹生郷も含む。郡域は現在の三重県松阪市を中心にして、飯南郡飯高町と飯南町の大部分、および多気郡勢和町の丹生附近を含めた一帯。

上枚は、現在の松阪市田牧町附近か。下枚は、松阪市大平尾町・町平尾町附近とされている（『角川』）。

なお上枚は、『和名抄』東急本は「加无都比良」と訓じ、高山寺本は「上牧」と記し「加无津比良」の訓を付す。下枚は高山寺本で「下牧」と記し、東急本ともに訓を欠く（『大系』）。

地名命名時期は不明であるが、早い時期から大和王朝の支配圏にあるので、大和の都に近い方が上。遠い方が下となった。

【加賀国―能美郡《ノミぐん》～山上《ヤマカミ》・山下《ヤマシタ》】

郡名の由来は、立郡の時郡域の中心部に位置していて、国府が置かれた野身郷の郷名を採った（『角川』）。

当時の郡域は現在の石川県鳥越村、美川町・松任市の南端および小松市の大部分を指す（『大系』）。

しかし、郷名の山上・山下の地名比定地が不明のため、上・下の位置づけは、検証できていない。

【能登国―能登郡～上日《アサヒ》・下日《ユウヒ》】

能登郡は『先代旧事本紀』「国造本紀」によれば、「能等」とも書いた。石川県の北部南寄り、口能登の東半分を占める。七尾湾を抱く沿岸域一帯。古代は七尾市全域と穴水市・羽咋市の一部を含む広大な郡域であったと考えられている。能登臣の支配地域（『角川』）。

上日は、『和名抄』の訓は「阿左比」である。口能登の中央部、現在の鹿島郡鹿島町浅井を遺称地とする説が有力。郷域は、鹿島郡鹿西町の東半から鹿島町の北半に跨っていたと考えられている。

下日は、『和名抄』には訓はないが「あさひ」に対して「ゆうひ」と読んだと考えられている。比定地は判然としないが、上日が二宮川上流域であるので、下日は二宮川中流域を主たる郷域とした可能性が強い（『角川』）。

上・下地名は平安時代に名付けられたようである。その位置づけは、二宮川の上流・中流であることと、「上」は平安京に近く、「下」は遠い。

【摂津国―島上《シマノカミ》郡】

郡域は現在の大阪府高槻市・三島郡島本町一帯。上・下郡名の初見は、『続日本紀』和銅四年（七一一）。また『播磨国風土記』揖保郡の条に「三島賀美郡《カミグン》」が見える（『大阪府史』）。

奈良時代に三嶋県主の支配領域を上・下に分割し、平城京に近い方を「上」とした。

【島下《シマノシモ》郡】

郡域は現在の大阪府茨木市・摂津市の全域、吹田市の大部分、箕面市・豊能郡《とよのぐん》豊能町《とよのちょう》・豊中市の一部にあたる（『大阪府史』(26)）。

平城京に遠いので「下」となった。

【豊島郡《テシマ》〜秦上《ハタノカミ》・秦下《ハタノシモ》】

渡来氏族の秦氏の居住地域。秦氏の集団が大きくなったため二郷に分けた。奈良期〜平安期に見える郷名。

秦上は上秦とも書く。秦上の比定地は、『池田市史』(27)では現在の大阪府池田市の畑町・渋谷地区・五月丘・鉢塚附近の一帯としている。また『箕面市史』(28)によれば、池田市の伏尾町・吉田町・東山町木部町などから箕面市の止々呂美地区であるという。

秦下は、『池田市史』によれば猪名川東岸に位置し、現在の池田市の新町・栄本町・室町・宇保町一帯としている。

一方『箕面市史』は、現在の池田市の畑町・渋谷地区・荘園・鉢塚などから、箕面市の牧落・新稲・瀬川などにかけての一帯と推定している。

郷域の比定地は特定出来ていないが、秦下は秦上の南に位置していることから、秦上は平城京に近いので「上」となった。

【河内国―丹比《タチヒ》郡〜丹上《ニカミ》（たんじょう）・丹下《ニシモ》（たんげ）】

多治比王の子孫といわれる丹比連・丹比公の支配領域。

郡域は現在の大阪府松原市・南河内郡美原町・狭山市の全域と大阪市住吉区・平野区・藤井寺市・羽曳野市・堺市の各一部にあたる（『大阪府史』）。

奈良期〜平安期に見える郡名である。『和名抄』の訓は「太知比」。『古事記』では「多治比」「多遅比」などとある。平安時代に丹比郡は丹北郡と丹南郡に分割され、丹上・丹下の郷は丹南郡に属した（『角川』）。

丹上の比定地は、現南河内郡美原町の北東部に大字丹上があることから、丹上郷はここを含み、旧丹南村と丹比村の大部分にわたる地域と思われる。

丹下の比定地は、現在の大阪府羽曳野市にかつては大字丹下があったし、近世には丹南郡丹下村があり、羽曳野市や松原市に含まれる地域と考えられている（『大系』）。

上・下地名命名の位置づけはどのようになっているのか。現在の地図上から見ると丹上郷は、丹下郷の南西に位置しており、平城京にも平安京にも遠い。またそれ以前の飛鳥・藤原京（現橿原市）時代を想定しても遠い。

むしろ、この丹上は大阪の難波に近いことが解った。つまり難波に都があった時代に命名されたのではないだろうか。

難波を都としたのは、大和王家の第十六代仁徳大王（難波高津宮）と第三十六代孝徳大王（子代宮・蝦蟇宮・小郡宮・味経宮・大郡宮そして最後は、「九州年号」の白雉二年〈六五一〉難波長柄豊碕宮へ遷都）である。

仁徳大王（五世紀前半）の時代では古すぎるので、通説の「大化の改新」を行ったとされる孝徳大王（六四五～六五四年、ただし大和王朝による「大化の改新」はなかった。またこの当時大和王朝の首長は大王であり天皇ではない）の時代ではなかろうか。

なお余談になるが、この難波の都は、翌白雉三年に皇太子の中大兄《ナカノウエ》皇子は皇極《コウギョク》上皇・間人《ハシヒト》皇后と朝臣を引き連れ古都に帰り、置き去りにされた孝徳大王は、白雉五年に一人寂しく崩御したことで有名である。

ところで、丹比の地は大和王朝の支配圏であったので、難波の都を基準に丹上・丹下に分割命名されたと考えている。

【和泉国―和泉郡～上泉《カミツイツミ》・下泉《シモツイツミ》】

藤原摂関家領今泉荘の中心地帯。郡域は現在の大阪府和泉市・泉大津市・泉北郡忠岡町・岸和田市の全域と貝塚市の過半にあたる（『大阪府史』）。

上泉・下泉の郷名の初見は平安時代。分郷は平安時代か。当郷の古代は茅渟県主《チヌノアガタヌシ》の支配領域。

上泉郷は、中世以降は上条郷と称した。比定地は確定していないが、現泉大津市豊中と推定されている。当郷は国府の所在地であり、和泉地方の中心地域である。

下泉郷は、中世以降は下条郷と称した。現在の泉大津市の穴田・辻・宮・池浦・虫取・長井・大津などの一帯と推定されている（『大系』）。

下泉は大津川の河口部であり、上泉はその上流域と推定され、平安京にも近く、政治的見地また地形的見地からも「上」となったと考えられる。

【山城国―葛野《カトノ》郡～上林《カムツハヤシ》・下林《シモツハヤシ》】

郡域は、山城国の西北部にあり、桂川の上流の山間部、その流域の桂から郡附近までの一帯。葛野県主の支配領域であり、渡来人の秦氏居住地域。古くは葛野という地名が旧葛野郡だけではなく、鴨県主の住んだ愛宕郡など山城盆地の総称であった。

応神天皇六年二月の条に「くにほめの歌」に葛野が見える。郡の初見は、顕宗天皇三年二月、ついで天智天皇六年六月に出現（『日本書紀』『角川』）。

葛野は古い地名であるが、『続日本紀』によれば郡の成立は大宝元年四月（七〇一）の条に「山背国葛野郡」とあることから、「大宝律令」により成立したと思われる。

上林の郷域は、『大日本地名辞書』によれば現在の京都市北野（現上京区・北区）・大将軍・

大北山・小北山に充てる。

下林の郷域は、平野神社（現北区）周辺の上林郷近くと見るべきである。

上林・下林の「上・下」は何を基準にして区分されたものか不明だが、郷制の定まったころの国府か、あるいは平安京か、葛野郡衙かであろう。いずれの場合にしろこれらの地に近い方が上林郷で、遠い方が下林郷である。

以上（『大系』）に依ったが、私もこの通りと考えている。

【愛宕郡《ヲタキ》～上粟田《カミアハタ》・下粟田《シモアハタ》】

郡名の『和名抄』の訓は、高山寺本は「アタコ」、刊本は「於多岐」。山城国の最北部にあった郡。地名の由来は定かではないが、一説によると愛宕山（京都市右京区嵯峨愛宕町）に鎮座する阿多古社（愛宕神社）に関連しているという。古代には出雲氏・賀茂県主氏・小野氏が蟠踞した地。郷名の上粟田・下粟田については、賀茂神社の上・下両社の神域とされていたようである（『角川』）。

粟田郷は粟田臣氏の支配地域。『和名抄』高山寺本は「阿波太」と訓じ「有上下」と記す。刊本は「阿波多」と訓ず。後、上粟田郷・下粟田郷に分離・独立した。現京都市東山区に粟田口の地名を残す。上粟田郷は現京都市左京区の北白川・吉田・岡崎辺り、下粟田郷は粟田口・

岡崎南部の三条街道周辺か（『大系』）。

　このことから類推すれば、平安時代に分郷。吉田・岡崎は平安京の御所に隣接しており、御所に近いので「上」としたのであろう。


【大和国―廣瀬郡～上倉《カミクラ》・下倉《シモクラ》】

　郡域は現奈良県北葛城郡東北部の河合町・高陵町附近。郡の初見は、和銅二年（七〇九）の円満寺文書にある弘福寺《グフクジ》田畑流記帳に「大倭国広瀬郡」とあり、平城京出土の木簡には「和銅六年・・広背郡」とある。

　上倉郷の比定地は不明。下倉郷は現北葛城郡河合町大字長楽とその西の大字穴闇《なぐら》附近か（『大系』）。

　比定地不明のため上・下の位置付けはできていない。


【葛　上　郡《カツラキノカミ・カツジョウ》～上鳥《カミトリ》・下鳥《シモトリ》】

　郡の初見は、『続日本紀』文武天皇四年（七〇〇）十一月の条の「大倭国葛上郡鴨君」であるが、この当時郡はまだない。これについては次の葛下郡で述べる。

『和名抄』刊本に「加豆良岐乃加美」と訓ず。『日本書紀』神武東侵説話に出現する地であり、武内宿禰を祖としている古代の大豪族葛城氏の本拠地。

郡域は現奈良県御所《ごせ》市《し》の大部分。古くは葛城国・葛城県の地域。

郷名の上鳥・下鳥について、『大系』は鳥は鴨《カモ》の誤りで上鴨《カミツカモ》・下鴨《シモツカモ》としている。

上鴨郷は、葛城山から流出する柳田川上流の現御所市大字櫛羅の鴨山口神社附近。

下鴨郷は、下流の現御所市御所宮前町の鴨都波神社附近（『大系』）。

地名命名は柳田川の上流・下流の地形的理由と考えている。それに加えて、まだ検証ができていないが、神社の由来に起因している可能性もある。

【葛　下　郡《カツラキノシモ・カツゲ》】

郡の初見は、『日本書紀』天武天皇十三年（六八五）の条に「倭の葛城下郡」とあるが、郡は大宝元年（七〇一）「大宝律令」の国郡制により定められたものであるから、この当時郡はない。したがって、分割時期が天武天皇時代であるならば「評」である。『日本書紀』作成時、「評」を消して「郡」に替えたか、あるいは後世の思惑による挿入記事であろう。

郡域は現奈良県大和高田市の大部分・現北葛城郡新庄町北半・當麻《たいま》町・香芝町《かしばちょう》・上牧町《かんまきちょう》・王寺町全域。古くは葛上郡と同じく葛城国・葛城県の地域（『大系』）。

上・下の位置づけは、飛鳥または藤原京に近い方が「上」、遠い方が「下」となった。

【城上郡《シキノカミ》】

郡域は現奈良県桜井市東北部。式上郡《シキガミ》とも書く（『大系』）。

古くは磯城・志貴・志紀・志癸・師木とも書く。城下郡とともに磯城県主《シキノアガタヌシ》の領域。奈良盆地東南端から西北へ流れる大和川（初瀬川）流域に位置する。『日本書紀』神武天皇即位前紀に、「倭国の磯城邑に、磯城の八十梟帥有り」とあり、古い地名。

上・下分割の時期は、「評制」時代に志貴上・志貴下に区分した。また区分の基準は、志貴御県坐神社鎮座地（現桜井市金屋）を中心として、のちの城上・城下郡の範囲に設定されたと考えられる（『角川』）。

【城下郡《シキノシモ》】

郡域は現奈良県磯城郡の大部分および現天理市南西部。式下郡《シキゲ》とも書く（『大系』）。

上・下分割の時期・基準は前記『角川』で示されているが、評制時代の命名であっても、大和王朝の都の飛鳥か藤原京を基準にして、都に近い方が「上」となり、遠い方が「下」となった。

以上、近畿以東の「上・下」地名の考察を試みた。これらは先の㈠・㈡項で触れた以外の

『和名抄』の地名の全てである。ここは、検証不明が二カ所あったが、命名時期はおおむね奈良時代以降と新しく、これは通説通り全てが大和王朝の都に対しての位置づけと考えられた。

しかし、この項は先にお断りした通り、『角川』『大系』『県史』に基づく考察であるので、論文記述方法としての異論があることと思う。甘んじてお受けしたい。ただ、どこを基準に位置づけられたかは、大方の「ブレ」はないと思っている。

4　「上・下」「前・後」の国名

【上野国《コウズケノクニ》（群馬県）・下野国《シモツケノクニ》（栃木県）】

古くは毛野国《ケヌノクニ》。のち上毛野国《カミケヌノクニ》・下毛野国《シモケヌノクニ》に分かれた。和銅六年（七一三）「好字二字表記の令」により上野国・下野国となった。

『新撰姓氏録』(29)に上毛野朝臣・下毛野朝臣は崇神天皇の皇子豊城入彦命としているが、これは後世になってからのこじつけである。「国造本紀」に仁徳天皇の時に毛野国は上・下に分かれたとの記事を載せているが、これも後世の創作である。また同書に上毛野国造・下毛野国造と記しているが、『日本書紀』では「国造」表記ではなく「君」と記載している。

この「君」称号の意味するところは、大規模な国の王と認めていることである。

『旧唐書』[30]に「東界・北界、大山有りて限りを為す。山外は即ち毛人の国」とある。これは日本アルプス以東・現在の関東甲信地方を指しており、そこに住む住民は「化外の民」・「まつろわぬ民」であり、毛野国は関東王朝の中心地域であるという（古田武彦氏説）。

そのことは、「国造本紀」に国の成り立ちとして、下野国は二国・武蔵国は三国・相模国は二国・上総国は七国・下総国は二国・常陸国は六国が合併したとあるのに対し、上野国は上毛野氏の支配地域一国がそのまま一国となったことからもその一端が窺える。

またこの時期、群馬県の前方後円墳の数は一〇〇メートル以上が九基、六〇メートル以上とすると八九基もある。一方この同じ時期、大和では六〇メートル以上が一八基（『群馬の歴史と文化』[31]）、であることからこの地域がいかに繁栄していて、上毛野氏の勢力が絶大だったかが想像に難くない。

『日本書紀』安閑天皇元年（五三四）に、武蔵の国造笠原氏一族の内紛に巻き込まれた上毛野君小熊の記事がある。天武天皇五年（六七六）「下野国の百姓が凶作で子を売ろうする、これを許さず」、同十年（六八一）に上毛野三千の『帝紀』編纂に参画、同十三年（六八四）上毛野君・下毛野君「朝臣の姓を賜う」などの記事がある。

これらのことから解ることは、大和朝廷が『日本書紀』で古より「上・下」毛野氏との支配関係をことさら強調しようと作為しているように思われる。したがって、七世紀後半の記事以外はそのまま信用できない。

有名な埼玉県稲荷山古墳の鉄剣の銘文などから、古田武彦氏が『日本列島の大王たち』[32]『関東に大王あり』[33]で関東王朝の存在を明らかにした。それは、上毛野国を中心とした関東王朝の大王は、「カタシロ大王」であり、通説の大和の雄略天皇とは一切関係無かったと述べておられる。したがって、五世紀の関東王朝は、決して大和王朝の支配圏ではなかったのである。

白村江の戦い（六六二年、通説は六六三年）に、「上毛野君稚子《カミケヌノキミワカコ》」が九州王朝の一翼を担って参戦していることから、この頃は完全に九州王朝の支配圏であったと考えている。しかし九州王朝は、白村江の敗戦から急速に国力を消耗させ、唐と新羅の連合軍と結託した大和王朝により滅亡の淵に追いやられていく。同じく参戦した関東王朝も、参戦していなかった大和王朝の勢力にじわじわと侵食され、ついには大宝元年（七〇一）の日本国の成立で完全に滅び去ったものと思われる。

そこで「上・下」の分割時期と位置づけであるが、少なくとも五三四年の上毛野君小熊の記事から類推すると、六世紀前半までには分割されていたのではなかろうか。そして毛野氏の都のある所を中心にして上・下に分割したと考えている。

なお、古田武彦氏が稲荷山古墳出土の鉄剣銘文の検証から導き出された関東王朝の都・斯鬼宮（栃木県下都賀郡藤岡町に字地名として磯城宮《シキノミヤ》がある、大前神社のある所）は、現在は栃木県最南部に位置しているが、ここは栃木県・群馬県・埼玉県・茨城県の四つの県境近くにある。すぐ近くに関東王朝「カタシロ大王」の稲荷山古墳（埼玉県）もある。この辺り一帯が毛野氏の中心地と考えたい。

【筑前国《チクゼンノクニ》（福岡県）・筑後国《チクゴノクニ》（福岡県）】

古くは筑紫国《チクシノクニ》。古賀達也氏によると、九州島の九国分国は九州王朝時代、端政元年（五八九）多利思北孤即位年としている（『九州王朝の論理』[34]）。

九州島内の「前・後」の付いた国名は、全て九州王朝倭国の首都（この当時は太宰府にあった）に対して位置づけられており、太宰府に近い所が前・そこから離れている所が後となる。このことからも古賀氏の説を支持したい。

九州の分国については前掲書に示されているので、ここでは詳述しない。

【肥前国《ヒゼンノクニ》（佐賀県・長崎県）・肥後国《ヒゴノクニ》（熊本県）】

古くは火国《ヒノクニ》・のち肥国《ヒノクニ》。分国時期は前記と同じ。幹線道路上筑紫の倭都に近い方が前・遠い方が後となった。

【豊前国《ブゼンノクニ》（福岡県・大分県）・豊後国《ブンゴノクニ》（大分県）】

古くは豊国《トヨノクニ》。分国時期・幹線道路上も前記と同じ。

【上総国《カズサノクニ》（千葉県）・下総国《シモフサノクニ》（千葉県）】

古くは捄国《フサノクニ》または総国《フサノクニ》（『古語拾遺』[35]）。藤原宮より「上捄国」と書かれた木簡（六九九年）が発見された。また「上総・下総」と書かれた木簡（七〇一～七〇二年頃）も出土している。上総は古くは「かみつふさ」であり、訛化によって「かずさ」となった。

分国は七世紀末と見られ、その頃はまだ九州王朝の世であるので太宰府に対して位置づけられたと考えなければならない。

当時西方から房総半島への行程は相模国から陸路を通らず、浦賀水道を経て対岸の半島に渡り、半島を南から北へ行程をとった（『千葉県の歴史』[36]）。したがって、房総半島の南部が上総国、都が遠い北部が下総国と名付けられた。現在の行程の位置関係からは逆となっている。

【越前国《エチゼンノクニ》（福井県）・越中国《エッチュウノクニ》（富山県）・越後国《エチゴノクニ》（新潟県）】

『日本書紀』「国生み神話」に越洲とある。古くは越国《コシノクニ》または高志国。『出雲国風土記』[37]の

「国引き神話」に「高志の都都《ツツ》の三崎（能登半島）」を引いたとの話、また大国主命が越国に嫁さがしに出かけた話しが載っている。

越国は、出雲王朝のち九州王朝の支配圏（古田武彦氏説）。『日本書紀』崇神紀に四道将軍の一人大彦命を高志道に派遣した記事があるが、信じることは出来ない。阿倍比羅夫の蝦夷《エミシ》征伐では越国が最前線となる。斉明七年七月（六九二）渟足柵《ヌタリノキ》を置く。

分国時期ははっきりしないが、『日本書紀』持統六年九月（六九二）の条に越前国が初見。大宝二年三月（七〇二）越中国より四郡（頸城・古志・魚沼・蒲原）が越後に編入。和銅五年九月（七一二）越後国より出羽郡を独立させ出羽国が誕生。佐渡国の越後国からの分国時期は定かではない。弘仁十四年（八二四）越前国より二郡（加賀・江沼）を割き加賀国が成立。養老二年（七一八）、越前国から四郡（羽咋・能登・鳳至・珠洲）を割き能登国が成立。その後、天平十三年（七四二）能登国は越中国に併合、また天平寳字元年（七五七）越中国より独立（『続日本紀』『新潟県史』(38)『石川県史』(39)）。

三分割時期は、大宝二年以降であるならば、大和朝廷の勢力下に入ってから、と見なさなければならないであろう。

大和の都に近い方が前・遠い方が後・間が中となる。

【備前国《ビゼンノクニ》（岡山県）・備中国《ビッチュウノクニ》（岡山県）・備後国《ビンゴノクニ》（広島県）】

古くは吉備国《キビノクニ》。備前・備中の初見は『続日本紀』文武元年（六九七）。天武二年（六七三）に備前・備中・備後に分割されたとする説と天武十一年から文武元年までの間に分割されたとする二説がある（『岡山県史』）(40)。

分国は白村江の戦い以後、九州王朝が衰退していく過程の七世紀後半〜八世紀にかけて、越国と同じように、大和朝廷の支配圏に入ってから分割されたと考えたい。

大和朝廷の都に近い方が前・遠い方が後・間が中となった。

付記――新しい「前・後」の国名

【羽前・羽後】

明治元年十二月に太政官布告により出羽国を分割。羽前は山形県の大部分、羽後は秋田県の大部分である。東京に近い方を前・遠い方を後とした。

【陸前・陸中・陸奥】

明治元年十二月陸奥国を磐城・岩代・陸前・陸中・陸奥の五国に分割。陸前は宮城県の大部分、陸中は岩手県の大部分、陸奥は青森県である。東京に近い方を前とした。

羽前・羽後と共に国名とはいえ、単なる地域分割にすぎなかった。

5 国名ではないが「前・後」の付いた地名

【隠岐国―島前《ドウゼン》・島後《ドウゴ》】

南西に位置しているのが島前であり、北東に位置しているのが島後である。島前が筑紫の倭都に近い。したがって、九州王朝の倭都からの前・後の位置づけと考えられる。しかし、それ以前の壱岐・対馬中心の「天国《アマクニ》」時代の命名の可能性もある。つまり、天国に近い方が前である。あるいは、もう一つの考え方として、隠岐諸島の中心に海士町（島前・中ノ島）がある。

ここは「国生み神話」の「隠伎之三子洲」の中心地と考えられている所でもあるので、この地を前とし、後方を後としたとの考え方も成り立つ(41)。

いずれにしても大和中心の位置づけではない。

【伊勢国―道前《ミチノサキ》・道後《ミチノシリ》】

平安時代に伊勢神宮の神領として、北伊勢の員弁郡・三重郡・安濃郡・朝明郡・飯高郡の五郡を道前《ミチノサキ》（どうぜん）とし、寛平九年（八九七）から神三郡とされていた度会郡・多氣郡・飯野郡を道後《ミチノシリ》（どうご）と呼んだ（『三重県史』[42]）。
しかし、室町時代になると神領も武家支配に侵されて、前・後の呼び方も次第にされなくなった。

【伊予国―道前《ミチノクチ》・道中《ミチノナカ》・道後《ミチノシリ》】

『大系』によれば、「『予章記』[43]『予陽河野家譜』[44]の元暦二年（一一八五）の条に道後七郡守護職の語があり、この七郡は野間・風早・和氣・温泉・久米・浮穴・伊予の諸郡を指していることから、道後は古くは広い地域を含む地域名であったことがわかる。その由来は国府を中心として、都に近い地域を道前（みちのくち）、国府の存在する地域を道中（みちのなか）、または府中、都に遠い地域を道後（みちのしり）とよんだのによる。道後の地域名が狭い温泉湧出地附近に限定されたのははるかに後のことで、明確には近世に入ってからと考えられる。」としている。これによると地域分けの頃は、

道前は、旧宇摩郡（現四国中央市）・旧新居郡（現新居浜市・旧西条市）の東予地域。

道中は、国府のあった旧今治市・旧越智郡（現今治市）・旧周桑郡（現西条市）。のち府中と呼ばれた。

道後は、旧大西町・旧菊間町（旧野間郡、現今治市）・旧北条市（風早郡、現松山市）・松山市・

東温市・伊予市・伊予郡となる。

地名命名の時期は不明のようであるが、私は「道」の区分ということから考えると、奈良時代以降と思っている。また道中という呼び方はあまり馴染みがなかったのではなかろうか、早い時期に消えてしまったようである。その後近世に入ってからは、旧今治市・旧越智郡東部・旧周桑郡の東予地方の平野部を道前平野、松山を中心とした平野部を道後平野と呼び、温泉湧出地域を道後と呼ぶようになった。なおこの場合、旧大西町・旧菊間町・旧北条市は、道前平野にも道後平野にも含まれない。このような変遷があったためか、道中は失われた存在であり、現代では愛媛県の人でも、この呼び名があったことをほとんど知っていないように思われる。

6 「上・下」「前・後」地名が語ること

以上「上・下」「前・後」について地名考察を試みた。その結果、全ての地名が大和朝廷の都を中心に命名されていた訳ではないことが解った。いわゆる「大和朝廷一元史観」に基づく通説は、当てはまらなかったのである。

そのことは、『和名抄』にある尾張国下沼・上沼、伯耆国下神・上神、筑前国下座・上座の三カ所が、それを明示していた。

そのほか対馬国上県・下県、吉備国上道・下道、隠岐国島前・島後、上野国・下野国、上総国・下総国、そして九州の諸国は、その当時その地域の中心国であった天国《あまくに》・関東王朝・吉備《きび》王国・邇波《には》王国（仮称）、そして日本列島の一定の宗主国であった出雲王朝・九州王朝の都に対して、位置づけられていたことも窺えた。残りの地名については通説通り大和朝廷の都を中心に位置づけられていた。

つまり、七世紀末までは大和朝廷の権力の及ぶところではなく、各王朝・王国による「多元史観」に基づいての命名だった。これは取りも直さず「多元的古代の証明」となった。

このように政治的見地や、また川の上流・下流といった地形的見地から、あるいは神社に起因して位置づけられていることも窺えたのである。

注

（1）『倭名類聚抄』　源順撰九二一～九八三年成立　一八六九年　大阪寛文堂。
（2）古田武彦氏説による。古田史学・多元史観とも言われている。
（3）『先代旧事本紀』「天孫本紀」（『国史大系』所収　黒板勝美編　吉川弘文館）。
（4）『続日本後紀』（『国史大系』所収　黒板勝美編　吉川弘文館）。
（5）『日本後紀』（『国史大系』所収　黒板勝美編　吉川弘文館）。
（6）『尾張国風土記』（『日本古典文学大系2「風土記」』一九五八年　岩波書店）。

（7）『角川日本地名大辞典』 一九八八年 角川書店。
（8）『日本歴史地名大系』 一九八七年 平凡社。
（9）『古事記』 倉野憲司校注 一九六三年 岩波文庫。
（10）『日本書紀』 一九九五年 岩波文庫 全五冊セット。
（11）『広辞苑』 新村出編 一九五五年 岩波書店。
（12）『法隆寺の中の九州王朝』（古代は輝いていたⅢ）古田武彦著 一九八八年六月 朝日文庫。
（13）『倉吉市史』 一九七三年 倉吉市。
（14）『先代旧事本紀』「国造本紀」（『国史大系』所収 黒板勝美編 吉川弘文館）。
（15）甘木市役所文化課川端正夫氏談。
（16）『甘木市史』 一九八一年 甘木市。
（17）「言素論」は、多元的古代研究会の会報『多元 TAGEN』で連載中。
（18）「九州王朝の筑後遷宮」古賀達也（『新・古代学』第四集所収 新・古代学編集委員会編 一九九九年十一月 新泉社）。
（19）『筑後国風土記』（『日本古典文学大系2「風土記」』一九五八年 岩波書店）。
（20）『豊前市史』 一九九一年 豊前市。
（21）『「風土記」にいた卑弥呼』（古代は輝いていた1）古田武彦著 一九八八年 朝日文庫。
（22）古田武彦氏にご教示いただいた。
（23）『神奈川県史』通史編1原始・古代・中世 昭和五十六年 神奈川県。
（24）『静岡県史』通史編1原始・古代 一九九四年 静岡県。

(25)『埼玉県史』通史編1原始・古代　一九八七年　埼玉県。
(26)『大阪府史』第2巻古代編Ⅱ　平成二年三月　大阪府。
(27)『池田市史』一九五五年　池田市。
(28)『箕面市史』一九六八年　箕面市。
(29)『新撰姓氏録』は、神武天皇から嵯峨天皇までの間の姓氏一一八二氏を神別・皇別・蕃別（帰化人系）に類別し、始祖・家系・由緒を記した書。八一五年奏進。
(30)『旧唐書』中国唐朝の史書　五代後晋の劉昫らの撰。
(31)『群馬の歴史と文化』監修　近藤義雄　二〇〇一年　みやま文庫。
(32)『日本列島の大王たち』（古代は輝いていたⅡ）古田武彦著　一九八八年　朝日文庫。
(33)『関東に大王あり』新版　古田武彦著　二〇〇三年二月　新泉社。
(34)『九州王朝の論理』古田武彦・福永晋三・古賀達也共書　二〇〇〇年　明石書店。
(35)『古語拾遺』八〇七年　斎部広成撰。
(36)『千葉県の歴史』通史編古代　石井進・宇野俊一編　二〇〇七年　山川出版社。
(37)『出雲国風土記』（『日本古典文学大系2「風土記」』一九五八年　岩波書店）。
(38)『新潟県史』通史編1　一九九五年　新潟県。
(39)『石川県史』第一編　一九二七年　石川県。
(40)『岡山県史』第3巻古代　一九八九年　岡山県。
(41)古田武彦氏にご教示いただいた。
(42)『三重県史』資料編古代（下）二〇〇七年　三重県。

(43) 『予章記』 河野氏研究史料 景浦勉編 一九八二年 伊予史談会双書 第五集。
(44) 『予陽河野家譜』 河野氏研究史料 景浦勉校訂 一九八〇年 歴史図書社。

第二章　北涯《ほくがい》の地の「上・下」

——蝦夷地《えぞち》（北海道）上之国《かみのくに》・下之国《しものくに》の地名由来——

序　蝦夷地の特殊性に着目

北海道桧山郡上ノ国町には、中世の和人が築いた「上之国勝山館《かみのくにかつやまだて》」が遺跡として遺されている。この遺跡は、二十有余年にわたり町を挙げて発掘調査がなされて来て、現在は国指定遺跡になっている。

ここからは十万点にも及ぶ遺物と六〇〇基を超える和人とアイヌ人の墓、二〇〇棟ほどの建物跡が発見され、整備されて一般に公開されている。

この館跡の復元されたものは、切り立った崖に囲まれた台地に、柵を巡らし、正面と裏口は橋で繋ぎ、内には建物群が整然と区画され、その堅固かつ規模の大きさに驚かされる（二一〇頁参照）。

遺跡は標高一五九メートル、明媚な円錐形の夷王山《いおうざん》の東前方台地にあり、山頂からは眼下に日本海に面した天然の良港「無碇《むいかり》」の古名が残る大澗《おおま》が[1]見え、上ノ国町の市街や江差《えさし》町それに奥尻《おくしり》島や渡島《おしま》大島が一望に見渡せる景勝の地である。私事にわたり恐縮であるが、上ノ国町に隣接する「江差追分」で名高い江差町こそ私の故郷であり、この夷王山は私が小・中学生の頃、遠足で何度も訪れた想い出深い所でもある。

この遺跡は、発掘調査にその道の研究者が多勢参加しており、二〇〇一年には当地で二日間にわたるシンポジウムも開かれている。『北から見直す日本史[2]』は、このシンポジウムを契機として刊行されたようであるが、同書で勝山館遺跡が取り上げられたことによってその存在が全国に知られることとなり、今日北海道の中世史研究における第一級の遺跡となっている。

右の書には、北の大地の夜明けを繙くばかりか、日本の歴史をも変えることにもなる大変な調査・研究成果が盛り込まれてあり、歴史愛好者のみならず、多くの人々のロマンを掻き立てる素晴らしい書物である、と私は思っている。

私は二〇〇五年六月二十三日に現地を訪れ、勝山館跡発掘責任者の上ノ国町教育委員会の松崎水穂氏（私の江差高校・明治大学の後輩）にご案内をいただき、時間の関係上駆け足ではあったが、その全容を知ることができた。まさしく驚きと感激の極みであった。それも、私が明治大学の卒業論文に書いた『蝦夷地に於ける戦国時代[3]』の主要舞台がここ上ノ国町だったからである。

ところで、不思議なことに上之国館跡ガイダンス施設やパンフレットにも、また『北から見直す日本史』にも、上之国の地名由来や命名された時期については一切触れられていないのである。そこで、かつて卒論で触れたことでもあるので、地名由来について改めて私見を述べてみたい。

本書第Ⅱ部第一章の『倭名類聚抄』にみる「上・下」「前・後」で、『倭名類従抄』[4]に見える古代における右記のセット地名について、その位置づけ、命名された時期について論述したが、同じセット地名でも蝦夷地の場合は、大いに異なっていた。そこには、『倭名類従抄』に記載されている地名命名の一定の法則とは違う別の法則性を見出したのである。

蝦夷地のこの時代は、室町～戦国時代と時代は新しいが、中央の権力も及ばない日本列島最果ての地・津軽のそのまた奥の異民族の住む土地である。そして、「上之国・下之国」という上・下セット地名は、管見の限り全国ここだけで他に類例を見ない。

「上之国」は前述した現・桧山郡上ノ国町であり、「下之国」は現・北斗市茂辺地が比定地である。

ところで、津軽半島に相対する北海道渡島《おしま》半島の突端部に松前町《まつまえちょう》がある。松前藩の城下町でもある。ここは室町～戦国時代においても蝦夷地における和人の歴史の主要舞台でもあり、

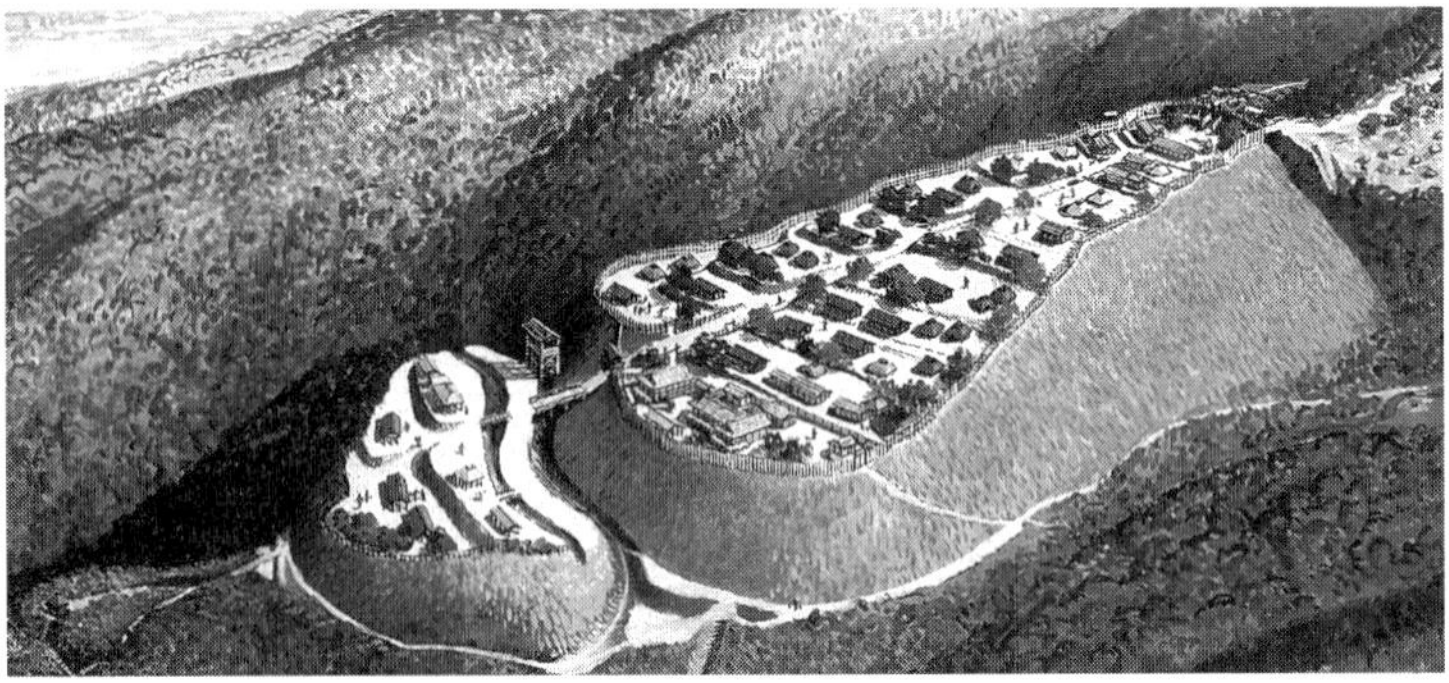

上ノ国勝山館復元図
（檜山郡上ノ国町教育委員会発行のパンフレットより）

勝山館跡から天の川を望む
（上ノ国町教育委員会提供）

勝山館の空堀
（上ノ国町教育委員会提供）

この当時は後述する和人の館・大館《おおだて》があった所である。アイヌ語でマドウマイン・マトロナイ・マツオナイなど種々説があるようであるが、(5) いずれにせよこれらのアイヌ語地名が転訛してマツマエになり、上之国出身の蛎崎氏（後述）がこの地に居を移した後、五代蛎崎慶広の時、徳川氏の旧姓松平氏の「松」と加賀の前田氏の「前」をもらい、松前氏を名乗り地名としたとの説が有力である。

この大館から左右対象の丁度逆三角形の両極の位置に、上之国・下之国がある。したがってここは、その時代の通例である都からの位置づけによる「近・遠」の「上・下」とは違っている。

今そのことを論ずるにあたり、当時の蝦夷地の状況について触れておきたい。

1　道南十二の館とコシャマインの乱

康正二年（一四五六）〜長禄元年（一四五七）にかけて、『新羅之記録《しんらのきろく》』(6) に現れるところの、「和人」（アイヌ語ではシャモ、蝦夷地に居た内地人を指して「渡党《わたりとう》」とも言われた）対アイヌの戦争が起こった。

この康正・長禄の戦争の発端は、志濃里《しのり》（現函館市）の鍛冶屋が、マキリ（小刀）の出来具合で文句を言った乙孩《おっかい》（アイヌの少年の意）を刺し殺したことによる。蝦夷地ではこれまでに和人が著しく増え、それに伴いアイヌ民族固有の土地への侵略や産物の簒奪などがはなはだしく、温順なアイヌ民族であっても、これらに対する鬱積・怒りが頂点に達し、ついに東部の大酋長コシャマインの下、一斉蜂起したのである。蝦夷地の夜明けともなった、史上有名な「コシャマインの乱」である。

その当時和人は、西は与依地《よいち》（現・余市郡余市町）辺り、東は日高地方の阨川《むかわ》（現・勇払郡鵡川町）に至る海岸線上の奥地まで進出していた。そして、渡島《おしま》半島南端部には十二カ所に館《たて》（城よりも小さく砦に近い施設）を築いていた。

その館（所在地は『北海道史跡名勝天然記念物調査報告書』による）[7]と館主は、次の十二館である（東から掲げる）。

◎志濃里《しのり》之館―現・函館市志海苔町
　館主―小林太郎左衛門尉良景（『新羅之記録』『小林氏履歴』[8]）
◎箱館―臼岸《うすけし》之館・宇須岸之館とも言う、現・函館市函館山山麓
　館主―河野加賀守政通（『新羅之記録』『河野氏履歴』）
◎下之国《しものくに》茂別《もべつ》之館―矢不来《やふらい》之館とも言う、現・北斗市茂辺地

館主―下国安東式部太輔家政（『新羅之記録』『下国伊駒安倍姓之家譜』『安倍姓下国氏系譜』）(9)

◎中野之館―現・上磯郡木古内町字中野

館主―佐藤彦助秀行（『新羅之記録』『佐藤氏履歴』）

◎脇本《わきもと》之館―現・上磯郡知内町涌元

館主―南條治部少輔季継（『新羅之記録』『南條氏履歴』）

◎穏内《おんない》之館―現・松前郡福島町字吉岡

館主―蒋槌《こもつち》甲斐守季通（『新羅之記録』『蒋槌氏履歴』）

◎覃部《およべ》之館―現・松前町字朝日、旧福山町字及部町

館主―今井刑部少輔季友（『新羅之記録』『今井家系譜』）

◎大館―のち徳山館と言う、現・松前郡松前町字福山、旧町名は福山町大字神明字大館

館主―下国山城守定季、副将―相原周防守政胤（『新羅之記録』）

◎祢保田《ねぼた》之館―現・松前町字館浜

館主―近藤四郎右衛門尉季常（『新羅之記録』『祖先以来履歴取調書』）

◎原口《はらくち》之館―現・松前町字原口

館主―岡部六郎左ヱ門尉季澄（『新羅之記録』）

◎比石《ひいし》之館—現・檜山郡上ノ国町大字石崎字館
　館主—厚谷右近将監重政（『新羅之記録』『厚谷氏履歴』）
◎花沢《はなざわ》之館—花見岱之館とも言う、現・上ノ国町大字上ノ国字花見館
　館主—蛎崎修理太夫季繁（『新羅之記録』）

ちなみに、この当時前述の勝山館はまだない。館が築かれた時期は一四七〇年以降であることが確認されている(10)。

話をコシャマインの乱に戻すと、この戦争で奥地の和人はほぼ全滅。十二カ所の館も、乱の発端の地・志濃里之館は真っ先に血祭りにあげられ、蛎崎季繁が守る花沢之館と、下国安東家政が守る下之国の茂別之館を除いて、すべて落ちたのである。和人全滅の危機に瀕したが、そこに花沢之館の客将となっていた後の松前藩祖となる武田信広（乱終結後に季繁の娘婿となり、洲崎之館を築き蛎崎氏を名乗る。季繁没後は花沢之館に移り、のち勝山館を築く）が、コシャマイン親子を討ち、戦争終結に導いたのである。

奥尻島
勝山舘（和喜之舘・脇舘）
洲崎之舘
◎花沢《はなざわ》之舘—花見岱之舘とも言う
◎祢《ね》保《ほ》田《た》之舘
◎大舘（徳山舘）
福山城（松前城）
◎比石《ひいし》之舘
◎原口《はらくち》之舘
蝦夷舘（チャシ）
岩亀舘
泊舘
洲根子岬
上ノ国
泊
江差
原口
石崎
松前
根部田
及部
白神岬
吉岡
福島
大千軒岳
石崎川
天ノ川
稲穂峠
知内川
木古内川
厚沢部川
厚沢部
八幡岳
乙部岳
渡島半島
中山峠
◎覃部《およべ》之舘
◎穏内《おんない》之舘
涌元
知内
木古内
茂辺地
下ノ国
◎脇本《わきもと》之舘
◎中野之舘
◎下之国《しものくに》舘—茂別《もへつ》之舘・矢不来《やふらい》之舘とも言う
上磯
◎箱舘—臼岸《うすけし》之舘・宇須岸之舘とも言う
函館
奥倉前之舘
◎志濃里《しのり》之舘
銭亀沢（志苔）
戸井
戸井之舘
汐首岬
恵山岬
大間岬
下北半島
駒ヶ岳
大沼
小沼
◎印がコシャマインの乱時の舘所在地（縦書き）。
蝦夷舘以外は、それ以後の築舘（横書き）。

2　「蝦夷管領《えぞかんれい》」安東氏と蝦夷地

ここで本題に入る前に、蝦夷地を領土としていた津軽六郡（内三郡・外三郡）と外ヶ浜の覇者・古代の「日ノ本将軍」安倍氏改め「蝦夷管領[11]」安東氏（安藤氏とも言う[12]）と蝦夷地との関わりを見なければならない。

『新羅之記録』によると、

「蝦夷地は往古大和国生駒の安日長髄彦に源を発する俘囚の長・安倍頼時の子息安倍貞任の後裔、日ノ本将軍・蝦夷管領安東氏の領土であった。応永年間（一三九四～一四二七）に安東太郎貞季の長男太郎盛季は十三湊・福島城を領して下国安東氏を名乗り、次男庶季（『東日流外三郡誌《つがるそとさんぐんし》』は鹿季）は秋田の湯河港（南秋田郡土崎）を攻略して湊家・上之国安東氏を興した。」（カッコ内筆者注）

としている。

まず、この上之国・下国安東氏の氏名由来については不明と言わざるをえないが、位置関係から見ると、京の都に対しての位置づけとなっている。つまり、秋田の湯河港安東氏が、都に近いので上之国氏を称したと思われる。

ちなみに、氏名と地名について少しややこしくなるので整理すると、氏名として上之国安東氏・下国安東氏が有り、地名として上之国・下之国が有った。なお、下国氏が有って上国氏は無い。

そこで、次に下国氏と下之国について見てみよう。

下国氏を名乗った安東太郎盛季は、応永二十九年（一四二二）から始まった安東氏と糠部の八戸を地盤に台頭してきた甲斐源氏武田氏の苗裔南部守行・義政親子との合戦に敗れ、嘉吉三年（一四四三）[13]蝦夷地茂辺地へ落ち延びた。そしてこの地を下国氏にちなみ下之国とした。

なお、上之国安東氏が住んだ湯河港は、地名として上之国といわれたかは文献上確認できない。しかし、その可能性は比定できないので、この場合秋田の湯河港・上之国に対して、蝦夷地茂辺地の下之国という構図となる。

これにより茂辺地の地が、この時点では蝦夷地の主邑となった。これはとりもなおさず、下国氏の津軽の本拠地十三湊福島城や津軽六郡・外ヶ浜の大部分が南部氏の支配する所となっており、津軽の下国氏が領国を蝦夷地へ移したことになったからである。

ここに、栄光ある「日ノ本将軍」を標榜していた安倍安東氏は、往古より栄華を誇っていた先祖累代の土地を放棄して、異民族が住み、鎌倉幕府の流刑地でもあった蝦夷地へ、一族を挙げて脱出したのである。その状景は『東日流外三郡誌』に詳しい(14)。

安倍安東氏にとってはまさに崖っ淵に立たされたわけで、「北涯《ほくがい》の地」とも言うべき土地に頼らざるを得なかったその無念は、推して知るべしである。

しかし、そののち盛季は故地回復のため蝦夷地を出て、再び津軽に還り咲き康季・義季と続くが、亨徳二年（一四五三）南部氏に攻められ義季自刃。これにて盛季の系統は断絶。代わって本流家を継ぐのが盛季の弟・潮潟四郎道貞の孫で南部氏によって下北地方田名部を給せられていた下国安東太郎政季が、亨徳三年（一四五四）に武田信広・相原政胤・河野政通等を従えて蝦夷地茂辺地へ脱出。二年間この地に居たが、湯河港の上之国安東堯季の招きで蝦夷地を出て、出羽国小鹿島を拠点にして河北郡を手中に収める。その後、五代目の実季の時上之国安東氏を併合した。そして、慶長七年（一六〇二）に常陸国茨城郡へ転封、のち宍戸五万石を経て、秋田城介に任じられたのを機に秋田氏を称し、実季の子俊季の時、正保二年（一六四五）に五万五千石で三春（福島県）へ転封となった。

一方、安東氏の故地・津軽六郡と外ヶ浜の地は南部氏より独立した津軽為信の領土となり、津軽藩となるのである。

なお政季が蝦夷地を去るにあたって、弟・家政にこの地の後事を託した。家政は下之国茂辺地にある茂別之館を拠点に蝦夷地を統治した。以後この地を守る館主は下国安東家政の係累である。

蝦夷地の館主の多くが「季」の字を戴いていることからも解ることであるが、盛季・政季の蝦夷地入りで、安東氏によるこの地の支配がより一層強固になったことが窺われる。

3　蝦夷地における下克上「島盗り物語」

コシャマインの乱の後、落ちた館は再び再興されたようである。

蝦夷地のその後について、『新羅之記録』によると、明応五年（一四九六）十一月、大館の館主であり、この地方一帯の守護でもあった下国定季のあとを受け継いだ子息恒季が不行跡を咎められ、秋田檜山の下国安東忠季の討手によって生害させられ、代わって副将の相原周防守政胤の子息彦三郎季胤が守護に、村上三河守政義が副将となった。これにより大館は安東氏一族の直接支配は終焉を迎えた。

永正九年（一五一二）四月、再びアイヌが蜂起し、下之国茂別之館の支館とも言うべき宇須岸之館（箱館、館主・河野季通）[15]・志濃里之館（館主・小林弥太郎良定）・與倉前之館[16]（コシャマインの乱以後築館された、館主・今井小次郎季景）の函館地区の三館が陥落した。そして三館主とも戦死または自刃したのである。なかでも下国氏の副将格であった宇須岸の二代目館主河野季通が戦死したことにより、下之国茂別の館主・下国安東師季（家政の孫）が有力な支持基盤を失い、勢力が失墜した。以後命脈を保ちながら直季・重季と続き慶季に至って松前氏の臣下となり下之国茂辺地を給所とした。次いで翌永正十年（一五一三）六月、今度は大館がアイヌの攻撃を受け陥落したのである。この戦いで大館の守護相原季胤・副将村上政義は戦死した[17][18][19]（『松前年々記[20]』は自害としている）。

これにおいて、永正十一年（一五一四）三月、勝山館主二代蛎崎光広（武田・蛎崎信広子息）が、この機を逃がさず舟一八〇艘[21]（『松前年々記』は一〇八艘）を率いて主が居ず空館となっていた大館を占拠したのである。これにより蛎崎光広は事実上の蝦夷地の主となり、そして大館が蝦夷地の確固たる主邑となったのである。

明応五年以後のこれらの争乱が蛎崎氏の謀略であったと思われるのは、しばらくの間、主である秋田檜山の下国安東氏の承認を得られなかったことからも明らかである。この間のことは『新羅之記録』に詳述されている。これはとりもなおさず「蝦夷地における戦国時代」の下克上「国盗り物語」ならぬ「島盗り物語」であった。

その後、五代慶広に至って文禄二年（一五九三）、「文禄の役」に際し肥前名護屋において、太閤豊臣秀吉より志摩守に任ぜられ「国政之印章並伝馬之印書」を賜る。これにより安東氏より独立、正式に蝦夷地の主となったのである。また、慶長四年（一五九九）には、大坂に参向して徳川家康に謁し、この時姓を蛎崎改め松前とした。さらに同九年（一六〇四）江戸にて家康より「国政之御黒印並伝馬之御判」を賜り、近世大名となったのである。

4　「上之国」の地名命名時期とその由来

蝦夷地は古代の安倍・安東と続く本流である下国安東氏の領地であり、湯河湊の湊家・上之国安東氏とは全く関係がない。したがって、上之国の地名は湊上之国氏に直接起因するものではない。

そこで上之国の地名命名時期がいつかと言うことになるが、『新羅之記録』の「コシャマインの乱」時（康正・長禄年間）の記事に、

「下之国之守護茂別八郎式部太輔家政上之国之花澤之館主蛎崎修理太夫季繁堅固守城居」（傍線筆者）

とあり、これが初見である。しかし、これは後世の正保年間に著わされた松前氏の記録なので、

「乱」当時はまだ「上之国」とは言われていなかったのではないか。私は、蛎崎氏が大館に入って蝦夷地の事実上の主権者になってから名付けられたものと考えている。

その理由と地名由来について次に示す。

『新羅之記録』に「抑往古者此国上二十日程下二十日程」とある。これは大館のちの松前からの日程を記したものである。

この「上・下」または「左・右」の〝格〟の位置づけを考えると、国旗と社旗（あるいは校旗など）を左・右どちらに掲げるかと問えば、国旗は向かって左に掲げると言うであろう。お雛様のお内裏様・お后様は如何であろうか。現在は京風・江戸風などと言って、左・右どちらでも良いとされているが、本来お内裏様は向かって左ではなかったか。芝居や能舞台でも向かって左が上手《かみて》である。律令制度では左大臣は右大臣よりも上席である。これも左は右よりも〝格上〟の考え方からきたものであろう。ところが、「座右の銘」とか「右腕」などは右を良い意味にとらえ、「左前」や「左向き」などは悪い意味のとらえ方をするが、これは当事者本人からの見方であるので右が上位となり、〝向かって〟となると左が「上座・上席」で格上になる。つまり、見る位置によってその優劣が逆になるのである。

そのことを踏まえると、蝦夷地の中心地・大館から左方向が「上手《かみて》」、右方向が「下手《しもて》」である。

したがって、向かって左が上だったことと、下之国茂別の下国氏より上位に立った蛎崎氏が、下国氏の下之国に対抗してと言おうか相俟ってと言うべきか、自らが出身地を上之国と名づけたのではなかったか。下国氏が主筋であった時には決して名付けることは出来なかったと思うが、いかがであろう。

これにより江戸時代は、松前から西の日本海側を上在または上蝦夷地あるいは西蝦夷地といい、松前から東・津軽海峡から太平洋側を下在または下蝦夷地あるいは東蝦夷地と呼んだ(22)。

現代においても、北海道に住むお年寄りは、本州を指して「内地に行く」とか「内地の人」と言う。ひと昔前までは北海道は外地として位置づけられていたのである。それと言うのも蝦夷地は異民族の住む地、全くの「化外《けがい》の地」であったからだ。そしてこの時代、本州は戦国時代であり、蝦夷地は朝廷や室町幕府の権力の及ぶところではなく、「日ノ本将軍」「蝦夷管領」の名をほしいままにしていた安東氏、またそれに代わる蛎崎氏の勝手次第の土地であった。それゆえに上・下命名についても、古代王朝・王国がそうであったように、自らの中心域で名付けたものであろう。つまり、この時代の蝦夷地はまだ「多元的古代」であったからに他ならない。

付記――『東日流外三郡誌』と蝦夷地

ところで、この論稿でも、第Ⅰ部でも引用している『東日流外三郡誌(23)』『和田家文書(24)』という膨大な書がある。これは原本全三百六十八巻（『多元』No.69で、この書を活字化した藤本光幸氏によれば、もっと多いと述べておられる）、秋田孝季・和田長三郎吉次が寛政元年〜文政五年の三十三年間にわたり、全国各地を自らの足で史料を蒐集し、孝季の妹で長三郎吉次の妻となっていたりくと三人で、編纂した資料集であり史書である。

ところが、古田武彦氏（当時昭和薬科大学教授）を誹謗・中傷し、追い落とそうとした一派が、偽書扱いした書である。これについては既に第Ⅰ部で述べているので、ここでは中近世の蝦夷地との関わりのある記述についてのみ論述することにしたい。

この書は三春藩秋田氏が、先祖の安倍・安東氏の悠久の歴史を遺そうしたことに始まるようであり、そのため一族の栄光をことさら飾り、また敗者の怨念を強調するあまりに、我田引水になっていることも多々ある。そして、江戸時代に集めた史料でもあるから、そのまま鵜呑みには出来ないことはもちろんである。

したがって、そのことを踏まえて検証していかなければならないのであるが、本章を書くにあたって、『東日流外三郡誌』と松前藩の正史である『新羅之記録』や松前氏関係「旧記」類と比べ、年代や人名、記載内容の違うところが多いので、悪戦苦闘したことも事実である。

例えば『東日流外三郡誌』では、蛎崎季繁を蛎崎蔵人信純としている。(25)この人物は下北地方蛎崎の地に居た人で、糠部・下北地方を領していた南部氏に反乱（康正二年〈一四五六〉）を起こしたこと著名である。一方、同じ蛎崎出身と見られる季繁は、安東盛季蝦夷地入り(26)の際に従ったと考えられる。そうでなければ、康正・長禄のコシャマインの乱に花沢之館を守りきった、強固な地盤を築いていたことに間に合わない。信純と季繁とは時代が合わず別人物と思っている。それに季繁を武田信広と混同したのか武田信純とも記し、のち信広と改名して松前藩祖となったとしている。(27)これなどは松前氏の記録類とは全く異なっている。私は松前氏の記録類を是とする。

一方、松前氏関係の記録には無く『東日流外三郡誌』に記載されていることも多々ある。その一つは萩野台合戦（文治二年〈一一八六〉または建仁元年〈一二〇一〉）で、安東貞季と十三湊福島城主藤原秀直が合戦に及び、秀直は敗れたが、助命され渡島《わたりしま》（蝦夷地のことを指している。―これは秋田孝季の歴史観による）へ追放された、(28)とのこと。これなどは北海道史には無い大変貴重な史料である。しかし、他の箇所では安東貞季ではなく安東堯季とし、秀直に渡島勝山館を与えたとしているが、この頃勝山館はまだ無いので、信憑性に欠ける面もある。

それにしても、収録されている系図は、多岐にわたり、その数も多く幾重にも重複していたり、系統が錯綜していてどれが正しいのか判然としない。

また、その当時上之国に、勝山城・洲崎《すざき》城・夷王山城・大館・中館・峯館(29)が築かれていたとしている。前述した通り勝山館・洲崎之館の築館はコシャマインの乱以後であり、いずれも城ではなく館である。なお夷王山城・大館・中館・峯館についてはその存在は確認されていない。
そして、江差に山上城・江差館・江差山城[30]なるものを記載しているが、その存在の伝承も記録も山上の地名も見当たらない。江差で確認されているのは、アイヌのチャシ（砦）・蝦夷館《えぞだて》である[31]。

ただし、江戸時代において、広義の江差地区と捉えることが可能ならば、昭和三十年に江差町と合併した旧泊村にあった泊之館が検証に値する。この館は文亀元年（一五〇一）あるいは永正元年（一五〇四）に築かれたとされ、館主は蛎崎氏二代光広の次男高広である。その後高広は永正十一年（一五一四）勝山館に移ったのに伴い廃館になったようである。この館のあった所が旧泊村大字泊字城口または城ノ口であったとされ、また土地の人の話では近くに山城の地名もあるそうである。その他、旧泊村に戦国期に滅亡した下野国小山一族の小山隆政の岩亀館があったという（『信広公伝記』[32]『小山系図』[33]『上ノ国村史』[34]）。

これらのことから『東日流外三郡誌』は、何らかの示唆を与えてくれて面白い。案外、江差山城とは泊之館のことを指すのかもしれない。

このような違いがあるにせよ、北海道・東北の知られざる古代史を唯一見ることもできる、大変興味深い史料である。また、数少ない古代史の史料として、安倍氏・安東氏に関る事績の裏づけにもなる。また、この書に載っている古い地名や地図は、この地方の歴史研究に当たって、このうえもない貴重な存在となり得るであろう。そしてまた、当時の生活・文化を絵図入りで教えてくれ、民俗学上の宝庫であり、掛け替えのない史料であることを私は疑わない。

なお、安倍氏の先祖について、『新羅之記録』や松前氏の記録類は大和国生駒の安日長髄彦《あびのながすねひこ》としている。一方、『東日流外三郡誌』は大和の安日彦《あびひこ》・長髄彦《ながすねひこ》の兄弟と記している。しかし、これについて古田氏は、

「編者の秋田孝季は、神武東侵の際、神武と戦った鳥見長髄彦《とみのながすねひこ》と「筑紫の日向《ひなた》の族」に追われた安日彦の弟長髄彦を同じ人物として混同している。
そして、このことは「天孫降臨」ニニギノ命による博多湾岸の攻略で、筑紫を追われた安日彦・長髄彦の兄弟が津軽の地に落ち延び、先住民ツングース系民族の阿蘇辺族《あそべぞく》・津保化族《つぼけぞく》等を糾合して「荒吐族《あらはばきぞく》（荒覇吐族）」の元を成し「東北王朝」を開いた。」（『真実の東北王朝』(35)
『津軽が切りひらく古代』(36)）

と述べておられる。

これは、全く不明であった陸奥《みちのく》の古代史の真実を明らかにしたことであり、まさに「目から鱗の」卓見と言わざるを得ない。付言しておきたい。

そして、二〇〇六年末「寛政原本」がついに公開された。これによりこの書の研究がより深まることを切に期待したい。

注

(1)『上之国勝山館跡』パンフレット。
(2)『北から見直す日本史』網野善彦・石井進編　二〇〇一年六月　大和書房。
(3)『蝦夷地に於ける戦国時代』明治大学卒業論文　一九六五年三月。
(4)『倭名類従抄』『和名抄』とも言う　源順撰九二一～九八三成立　一八六九　大阪寛文堂。
(5) 永田富智氏説『松前史談会会報』所収　一九五八～五九年　松前史談会編。
(6)『新羅之記録《しんらのきろく》』松前景広著　正保三年（一六四六）成立　松前藩の正史で『松前国記録』とも言い、松前藩最古の記録である。　子孫の松前之広氏所蔵本を昭和三十九年永田富智氏のご配慮により撮影。　他に函館図書館刊行本あり。
(7)『北海道史跡名勝天然記念物調査報告書』河野常吉調査　一九二四年　北海道庁編
(8)『履歴書』（今井氏・小林氏・蒋槌氏・厚谷氏・佐藤氏・蛎崎氏・松前村上氏・松前河野氏・南條氏・近藤氏、以上明治十六年宮内庁へ提出の控、中島俊蔵氏所蔵）
(9)『系図』（三春秋田家譜・安倍姓下国氏系譜・下国伊駒安倍姓之家譜・秋田系図湊・湊家所蔵古文書・華族類別譜・安部家秋田家藤崎系図・安藤系図・藩翰譜、以上何れも写本、函館図書館所蔵）

（10）『勝山館跡』松崎水穂著（別冊歴史読本16.所収　一九九九年三月　新人物往来社）
（11）蝦夷代官とも言う。鎌倉幕府の職名。
（12）『和田家資料3・北斗抄』厨川夜話—に藤崎城主安東盛季が宗家を安東氏、庶家を安藤氏と定めた、との記述あり。
（13）『東日流外三郡誌』も同じ嘉吉三年であるが、『満済准后日記』（法身院准后記とも言う、醍醐三宝院門主満済の日記、応永十八年～永享七年まで、当時の世相を知る信用のおける史料である）では永享四年〈一四三二〉としている。
（14）第二巻中世編。
（15）伊予国河野氏の出自と『河野氏履歴』は伝える。
（16）所在地・現函館市銭亀町根崎。
（17）前掲『新羅之記録』。
（18）『福山秘府』松前広長著　安永五～九年完成　全六〇巻のうち二六巻現存『新撰北海道史』第五巻史料一所収。
（19）『松前志』天明元年　松前広長著　全十巻　原本北海道庁所蔵。
（20）『松前年々記』慶長二年～元文四年　元文年間作　写本函館図書館所蔵　他に同題名の記載年代の違うものが三本あり。
（21）『日本書紀』斉明紀四年・同五年の阿倍臣「船師　百八十艘を率いて、蝦夷国を伐つ」の故事に頼ったものか。
（22）『新北海道史』第二巻通説一　一九七〇年　北海道庁編。

(23)『東日流外三郡誌』秋田孝季・和田長三郎吉次・和田りく（吉次の妻）の三人で編纂した寛政年間本の明治写本をもとに、小舘衷三・藤本光幸編、昭和五十八年、北方新社。
(24)『和田家文書』文政年間（一八二九）〜昭和七年（一九七二）に至るまで初代和田長三郎吉次―長三郎基吉―長三郎権七―長三郎末吉―長作の五代に渉って書き継がれてきた和田家門外不出の文書であり、藤本光幸編にて『和田家資料1〜3』として、1は一九九二年、2は一九九四年、3は二〇〇六年出版、北方新社。
(25) 第四巻中世編三。
(26)『満済准后日記』によれば永享四年〈一四三二〉。
(27) 第四巻中世編。
(28) 第二巻中世編一「東日流古今往来」他、随所に散見。
(29) 第三巻・四巻中世編。
(30) 第三巻・四巻中世編。
(31) 所在地は、江差町字豊川町えぞたて公園。
(32)『信広公伝記』筆者・製作年代とも不明　北海道庁所蔵。
(33)『小山氏系図』明治初年尾山氏が北海道庁に提出した系図　北海道庁所蔵。
(34)『上ノ国村史』松崎岩穂著　一九五六年　上ノ国村役場。
(35)『真実の東北王朝』古田武彦著　一九九〇年　駸々堂出版。
(36)『津軽が切りひらく古代』東北王朝と歴史への旅　古田武彦ほか著　一九九一年　新泉社。

補章 「江差追分」モンゴル源流説の一考察

――『東日流《つがる》外三郡誌《そとさんぐんし》』・『北斗抄』（和田家史料）が物語る――

蝦夷地（北海道）で最も古い町の一つでもある江差町は、宝暦年間（一七五一～六三）から幕末にかけて、鰊漁と商業で繁栄し「江差の五月は江戸にもない」と詠われていた。その江差に〝民謡の王様〟ともいわれていて、北の大地に根付いた情感溢れ哀愁を帯びた「江差追分」がある。この歌にまつわる通説は口伝によると寛政時代（一七八九～一八〇〇）に来江していた南部盛岡の座頭〝佐之市〟によって、当時江差で歌われていた「越後追分」や「謙良節」をもとに編曲され、「江差追分」の原型が作られた、とされている。

そして、「江差追分」研究の第一任者と言われている竹内勉氏（『追分節』『追分と宿場・港の女達』他著書多数）は、追分の源流は信州の「追分宿」が発祥地で馬子唄であると言う。

その一方、長尾真道氏は、信州の小室節はモンゴルの民謡が源流ではないかと述べている（『追分節の源流正調小室（諸）節集成』昭和五十一年）。また、木内宏（朝日新聞北海道支社記者、著書に『北の波濤に唄う』昭和五十四年）も新聞等で「江差追分」モンゴル源流説を唱えている。

また、平成三年六月十五〜二十五日に行われた「江差追分モンゴル公演」（於・モンゴル国立ドラマ劇場、派遣団メンバー浜谷一治江差町商工観光課長〈現町長〉を団長として、前年度追分名人田中ゆかり氏他）の一行は、六月二十日のボンサルマーギーン・オチルバト大統領主催晩餐会で公演したそうである。その時私の友人で正覚院松村俊昭住職が通訳として参加していたそうで、その本人から聞いたのであるが、晩餐会の席上、ツェベルマー・オチルバト大統領夫人が演奏を聴き終えた後、感激して涙を流し、「モンゴルのオルチレド（コルデント）が遠く日本の江差の地に伝わったのですね」と述べられたという。

ところで、モンゴル説は節回しなど曲が似ているということから、近年盛んに言われるようになったようであるが、これに対する文献上の確認・論証はなされていなかった。

ところが、その源流説を裏付ける史料が江戸時代の寛政年間成立の史書に残っていたのである。それは、『東日流外三郡誌』と『北斗抄』（和田家史料）である。

その『北斗抄』（藤本光幸編）には、

「渡島の唄に追分あり。西より至ると曰ふも相違ありぬ。山靼往来の船衆、モンゴルのコルデント及び陽洛を丑虎日本風なる賛語にて遺すものなり。」

とある。ここに言う「渡島」は編者の秋田孝季・和田長三郎の歴史観により蝦夷地を指し、山靼とは沿海州のことである。

つまり、「蝦夷地の追分（江差追分のこと—筆者注）は、西からの伝播説（寛政年間も既に言われていたと思われる—筆者注）は間違いであり、モンゴルのコルデントが源流である。」と言っている。

そして、『東日流外三郡誌』（第二巻中世編一、藤本光幸編）には、「安東追分」の歌詞が記されていた。それは、

安東船唄之事

安東追分

〽海の幸呼ぶ粛愼灘《ミシハセナダ》に　やんさのえ〜

　船帆たよりの波枕

朝な夕なにはだきす風は

北の荒潮《アラシオ》　漁波《レヨウハ》の音《ネ》

〽十三《トサ》の湊を離れて幾夜　やんさのえ〜

鴎ともする波の音に
安東船は西海《サイカイ》潮路
幸を積荷の宝船
寛政五年　　　　　　　　　秋田孝季

ちなみに、「江差追分」の数ある前唄の一つは、

〽国を離れて蝦夷地ヶ島へ　ヤンサノェ〜

幾夜寝覚めの波枕
朝な夕なに聞ゆるものは
友呼ぶ鴎と波の音

と。この「安東追分」は、「江差追分」の前唄と歌詞構成が全く同じであるので、「江差追分」で唄うことができると思ったのであるが、しかしながら、この肝心の「安東追分」は管見の限り現在は残っていないようである。

そこで私は、この発見史料を添えて前掲の竹内勉氏にお手紙を差し上げ、モンゴル説に対する教えを請うたところ（二〇〇八年八月二〇日）、氏は『北斗抄』については、書そのものをご存じだったのかどうかは不明であるが、「またこのことか、と面白がって拝見しました。」とあって、モンゴル説については、従来のご自分の研究の枠からはみ出る答えはなかった。そして、「安東追分」については、ご存じではなかったようであるが、次のご教示をいただいた。

「安東追分」の歌風をみると、これは今日の「長く伸ばす追分節」の「前唄」と「後唄」部分で、これは「エンヤラヤ」という唄で、帆船が港入りする際の伝馬舟漕ぎの「舟歌」です。この「エンヤラヤ」も「七七七五」の「二十六音」です。ただ、それを繰り返えして口説形式にしたのが「前唄」と呼ばれるものになっています。口説化したのは越後の瞽女さんと思われます。

と。驚くことに「江差追分」の「前唄」と全く同じであったのである。

そこで、これらのことから考えると、古代から津軽に繁栄した安東氏（鎌倉時代には「日ノ本将軍・蝦夷管領」とも言われた）は十三湊を拠点として、その水軍は日本海をわが庭として、北は沿海州・樺太・千島から、南は琉球まで縦横無尽の活動していたようであるので（『東日流外三郡誌』による)、沿海州との交易の際モンゴルのコルデントが津軽に伝わり「安東追分」が生まれたと考えたい。そして、この唄を基調に蝦夷地の「江差追分」が生まれ、西は「越後追分」さらにまた「小室節」など、全国各地の追分節へ拡散されていった可能性があると推測する。もちろん、全ての「追分」や「馬子唄」のルーツがそうであると言うわけではないが。またその際、津軽や南部は日本有数の馬の産地であるので、馬の流通に伴い「馬子唄」として拡がったことも考えられる。

そうなると、従来説の信州の馬子唄ルーツ説とは全く逆の経路となるが、〝確かな〟文献史料があったことから推し量ると、そう考えざるを得ないのである。今後、この発見史料が諸兄の「江差追分」研究の一助になれば幸甚である。

ひとつの意見書

平成二四年二月一日

ＮＨＫ放送センター　「ＢＳプレミアム歴史館番組」制作担当者殿

愛媛県松山市小坂一丁目六―一二

合田洋一（古代史研究者）

前略

突然・不躾なお便りを差し上げますことをお許し下さい。

一月二六日朝、新聞のテレビ欄「古代史衝撃・聖徳太子は実在せず?」を見てある種の〝衝撃〟を受けると共に、その番組に少なからず期待を持ちました。それは、ＮＨＫが「聖徳太子」に関してこれまでの〝通説と異なる視点〟を持ったのかと思ったからです。

ところが、番組を拝見して甚だ失礼なことを申し上げますが、その中身は期待と違うものでした。そこで、誠に僭越だと思いながらも、一古代史研究者として、問題点や論証の間違いを以下に述べさせて戴きますので、是非ともご高覧願いたく存じます。

初めに失望した理由を申し上げますと、当番組は「聖徳太子は実在したか否か」の「謎解き」がテーマだったとは理解できましたが、コメンテーターの童門冬二氏及び阪南大学の来村教授の論が私から見て甚だ問題でした。その訳は、従来説とは違い「聖徳太子」は複数人物の集合体であったと述べておりましたものの、これとても従来の「厩戸皇子＝聖徳太子」説の殻から抜け切れず、厩戸皇子中心にその人物像を展開していたからです。そして、お二人は知ってか知らずか後で詳述します「九州王朝」の存在、その中でも番組でも取り上げていた『隋書』「俀国伝」に記されていて、聖徳太子とされていた「俀国王・日出ずる処の天子」は、〝大和王朝の天皇や聖徳太子（厩戸皇子）ではない〟（最初の提唱者・古田武彦氏）に関しては、一切触れていませんでした。折角の「謎解き」もこれでは如何にも片手落ちと言わねばなりません。

しかしながら、そのような中でも評価できることもありました。それは、京都産業大学の森教授による「十七条憲法」に対する考察です。これについては、「是非」はともかく今までに無い論証ですので、今後更なる検証に期待が寄せられるのではないでしょうか。また、衝撃的な見出しの「聖徳太子は実在せず？」を掲げたことは、私にとっては、ＮＨＫも一歩前進したという思いを抱かせてくれました。今後はこの種の番組についてはもっと公平さを期待致します。

それでは、今回の放映の中での問題点や間違いの一部を次にお示し致します。

◎聖徳太子の肖像画について

昭和五年の百円札以来、紙幣の「顔」として日本国民に親しまれてきた聖徳太子と言われた肖像画は、国民には何の説明も無しに消えてしまいました。また、教科書からも次第に消えてきております。何故でしょうか。

それは、この画像は通説となっている聖徳太子こと厩戸皇子とは何ら関係のない人物であったからです。これについては、会津八一氏（早稲田高等学院教授）・今枝愛真氏（東京大学史料編纂所所長）・上原和氏（成城大学教授）などにより明らかにされてきたのですが、帽子や服装は中国唐時代のものであり、また童子を左右に配する描法は唐代の帝王肖像画のパターンであること。そして、これと同じ画像が中国に在ったことなどによります（阿部誠一著『聖徳太子の謎』～『今治手帳』所収）。

◎教科書の記述変化に注目

教科書の聖徳太子に対する記述を見ると、以前は「聖徳太子（厩戸皇子）」となっていたものが、最近では「厩戸王（聖徳太子）」（山川出版社）・「厩戸皇子（聖徳太子）」（清水書院）と、太子の文字がカッコ書きに変わっていることにも注目して下さい。そのようになったのは、聖徳太子存在の信頼性に疑義が出ているからではないでしょうか。近いうちにカッコ内の聖徳太子の文字すら消えてしまうことでしょう。

◎「当時は皇太子の制度はなかった」～遠山氏談

これはとんでもない間違いで、遠山氏は何もご存じないようです。『隋書』「俀国伝」に、「太子を名づけて利となす。歌弥多弗の利なり」とあることからも、わが国では皇太子は明らかに存在しているのです。その当時の日本列島の主権国家は同書に記された「九州王朝・俀国（大倭国・倭国）」です（後述）。近畿にあった「大和王家」ではありません。なお、中国での国編纂史書の国交に関する記述を見ると、相手国はその地域の宗主国のみが対象となります。従って、このことからも隋とわが国との外交は大和王家ではなかったことが明白です。

◎「官位十二階」について

『隋書』「俀国伝」には、わが国からの隋使派遣は開皇二〇年（六〇〇）とあり、この官位十二階はそれに基づいて記されているのに対し、『日本書紀』の記述は推古一一年（六〇三）のことなので、三年遅れとなっております。また、官位の順序も違います。これについては、記述が新しい方の『日本書紀』の作為を疑わなければなりません。何故ならば、中国側からすると相手国の事に関して〝うそ〟を書く必要はないからです。そうなると、『日本書紀』は九州王朝の史書だったと思われる『日本旧記』や『日本世記』（割注にあるが、現存せず）または「一書」などから盗用し、はめ込んだものと考えます。

◎「遣隋使」について

『日本書紀』には「遣隋使」は一度も出現しておりません。わが国から中国への使節の行き先は、全て「唐」または「大唐」と記されており「遣唐使」です。教科書にも書かれている遣隋使なのに、何故『日本書紀』には記されていないのでしょうか。

それは、『日本書紀』が編纂された七二〇年前後のわが国の状況を考えなければなりません。その最大の要因は、「白村江の戦い」（六六二年、通説は六六三年）でのわが国の敗戦です。即ち、唐・新羅の連合軍とわが国・百済の連合軍が朝鮮半島にて、四度戦ってわが国側が全て負けたのです。最後の「白村江の戦い」は完敗で、多くの将兵が捕虜になったり、海の藻屑となってしまいました。その為、これ以後の政治情勢が『古事記』『日本書紀』の編纂に、大きな制約を伴うことになるのです。それを見ていきますと、

唐・新羅の戦勝国の数千人に及ぶ進駐軍が、九年間に亘り九州王朝の首都・太宰府を中心とした博多湾岸一帯に駐留して、戦後処理に携わりました（大和には駐留していない）。そして、この敗戦を期に衰退していった九州王朝に替り、「白村江の戦い」に参戦しなかった大和王家が唐朝の庇護のもと、国力を充実させていったのです。そのようなことから、中国の史書『旧唐書』には次のように記されていました。この書は「倭国伝」と「日本国伝」を載せて、その「日本国伝」には「日本国は倭国の別種なり。其の国日辺に在るを以て、故に日本を以て名と為す。或は曰う、日本は旧小国、倭国の地を併す、と。」とあって、旧小国（大和王家）が倭国（九州王朝）を併せたと言うのです。即ち、大宝元年（七〇一）に新生「日本国」の成立となったのです。

前述しましたように、隋朝の正式な外交相手国は近畿にあった大和王家ではなく、九州王朝・俀国（大倭国・倭国）であるので、隋代では大和王家によるわが国を代表する遣隋使はあり得なかったのです。また、隋を滅ぼした唐に対する配慮からも『日本書紀』には記載できなかったのです。

そして最も重要なことは、あの格調高く、わが国の尊厳を見事なまでに表現している国書「日出ずる処の天子…」の文言が、何故わが国の正史とされる『日本書紀』に記載されなかったのか。それは、遣隋使と同様、唐をおもんばかってか、はたまた怖かったからか、「九州王朝」の史書から〝盗用〟してまで、『日本書紀』に記載することができなかった、と考えます。

◎「十七条憲法」について

十七条憲法に関する史料は、『日本書紀』以外にはありません。森教授が指摘されたように、これには大変問題があります。言われていたように、後世に誰かが書き加えた可能性もあります。その場合創作ではなく、原本（九州王朝の史書）があったと考えます。それでは、一体誰が作ったのでしょうか。

それは、次に示す「九州王朝の日出ずる処の天子」です。この天子は『隋書』「俀国伝」にもある通り、その政治は仏教を根幹に据えていました。

顧みますと、九州王朝は〝磐井〟の時に、中国の南朝「陳」が滅んだのを期に、中国との冊封体制から独立して、律令制度を制定し、年号「継体」（五一七年）を定めました。以後「大化七年」（七〇一年三月二〇）まで、また最近の研究ではその後九州王朝の残存勢力が建元したと考えられる「大長九年」（七一二年）まで、「九州年号」が連綿と続いております。言うまでもなく、年号は天子より作れません。従って、天子を名乗ったことは、中国の「中華思想」からすれば所謂〝二人天子〟となり、許すことができない所業だったのです。つまり、連綿と続いていた九州王朝は、「年号」を定め、「十七条憲法」を〝国の鑑〟とする「律令制度」を施行していた〝れっきとした〟天子の治める王朝だったのです。それ故に、九州王朝の傘下にあった一王国の大和王家の厩戸皇子が「憲法」を作れるはずはなかったのです。

◎「聖徳太子」は実在せず

一二五〇年以上もの間、聖徳太子は厩戸皇子のこととされてきました。

ところが、『隋書』「俀国伝」に隋使〝裴世清〟が面会した俀国王は、「姓は阿毎、字は多利思北孤、（中略）王の妻、鶏弥と号す。後宮に女六・七百人有り。太子を名づけて利と為す。歌弥多弗の利なり。」とあります。つまり、天子を称えた俀国王・阿毎多利思北孤は紛れもなく男性です。妻もおり、太子もおります。ところで、厩戸皇子が聖徳太子であるならば、全くおかしいことになります。時の大和王家の大王は女性の〝豊御食炊屋姫〟（奈良時代に名付けられた天皇諡号は「推古」）です。男性ではありません。裴世清が面談しているのに、女を男に見間違うはずはありませんし、名前も違います。しかも、厩戸皇子は大王ではなく

№２の摂政です。そして、阿毎多利思北孤・鶏弥・歌弥多弗の利などの名前は、大和の史書には一切出現しません。また、大和王家の天皇家には「姓」はありません。しかしながら、多利思北孤には〝阿毎〟という「姓」があるのです。従って、彼らは大和の天皇家とは全く関係のない人物であったことになります。

それもそのはず、同書には「阿蘇山有り、其の石、故無くして火起こり天に接する者」とあり、中国には火山がないため、興味を持って見事なまでに描写しております。俀国は「阿蘇山下の王朝」だったのです。阿蘇山は近畿にあらず九州です。北部九州が舞台でした。

そして、隋使の行路記事は朝鮮半島から九州北部までであり、それ以東の瀬戸内海や中国地方、または近畿地方の行路記事は一切ありません。つまり、隋使は近畿には行っていなかったのです。

わが国の古代史を飾る最重要人物とされた聖徳太子は創られたのです。それも、「九州王朝・俀国王・日出ずる処の天子・多利思北孤」の事績である「十七条憲法」・「官位十二階」・「遣隋使」・「日出ずる処の天子の国書」などを、厩戸皇子に〝換骨奪胎〟したのです。

これにより、聖徳太子は大宝元年（七〇一年三月二一日）より始まった新生国家「大和王朝」の礎となったのです。正に「創られた虚像」でした。

それにしても、『隋書』「俀国伝」の「阿毎多利思北孤」記載の箇所をアップで放映していたにも関わらず、それに対するコメントが全くなかったのは甚だ残念であり、そこには大きな作為を感ぜざるを得ませんでした。

『日本書紀』は「大和王朝」が作成した〝勝者の歴史書〟です。そこで、この書の成立については、次のように考えております。

「大和王朝」が目論んだと思われることは、中国の南朝国家（漢族の国）の支持国であった「九州王朝」が、北朝国家（北狄の国）である「唐」に敵対した為、大和王朝の支援国となった唐に対して不都合な九州王朝を歴史上抹殺した上で、同国の史書から業績や出来事などを〝切り取り〟、そして〝はめ込み〟をして、己が王朝の正史とするべく『日本書紀』を造作した、と。その為、整合性において各処に問題が生じ、同書が矛盾だらけになってしまったのです。

〝そのせいで〟あるいは〝お陰様で〟と言いたくなるのですが、今日、古代史ファンの中から、心底国を思い・憂う人達が大勢出て来て、その矛盾を解き明かすべく立ち上がり、それが大きな〝うねり〟となって来ました。また、報道していた「乙巳の変」「大化の改新」の通説についても、多くの問題がありますが、本題からはずれますのでここでは触れません。

以上、放映「聖徳太子は実在せず？」の問題点や間違いの一部を申し述べました。わが国の古代史は〝矛盾の屋上屋〟を重ねていると言っても過言ではありません。

しかしながら、もうそのようなことが罷り通る時代ではなくなってきたと思います。高校の先生から聞いた話ですが、古代史で生徒からの質問による教育現場での混乱があり、文科省の「学習指導要領」通りに教えることができなくなってきた、と。

思うに、〝うそ〟で固められた古代の歴史を習う子供達にとって、このままでは「日本人としての誇り」も、「愛国心」も、培われなくなるのではないでしょうか。

縷々申し上げましたが、どうかご容赦下さい。

なお、本論の詳細にわたっては、ご参考にしていただきたく拙書『聖徳太子の虚像』（創風社出版）、更に加筆した『新説伊予の古代』所収の「聖徳太子の虚像」（創風社出版）をご高覧下さい。

恐々謹言

初出一覧

第Ⅰ部「渡嶋と粛愼」――『なかった　真実の歴史学』第二号〜五号（ミネルヴァ書房、二〇〇六年五月〜二〇〇九年七月）に掲載の「渡嶋と粛愼――渡嶋は北海道ではない」。

第Ⅱ部第一章「『倭名類聚抄』にみる「上・下」「前・後」」――『古田史学論集第九集　古代に真実を求めて』（明石書店、二〇〇六年）。

第Ⅱ部第二章「北涯の地の「上・下」」――『古田史学論集第十集　古代に真実を求めて』（明石書店、二〇〇七年）。

補章「「江差追分」モンゴル源流説の一考察」――書き下ろし。

あとがき

私にとって、本書は四冊目の著作です（古い順から『国生み神話の伊予《いよ》之《の》二名洲《ふたなのくに》考《こう》』・『聖徳太子の虚像――道後来湯説の真実』・『新説伊予の古代』）。今までの三冊は松山市に住むようになってのち、愛媛の郷土史に対して問題意識を持ったことから書き著したものでした。

一方、今回の著作は、巻頭でも述べましたように、第Ⅰ部の「渡嶋と粛愼」は、学生の頃からの夢が実現したものであり、私の人生にとって集大成の論稿です。それも自らの足で各地を踏破して論証を積み上げたものだけに、感慨もひとしおです。

第Ⅱ部第一章の「『倭名類聚抄』にみる『上・下』『前・後』」は、日本全国が対象であるので、残念ながら全ての地を実地検証したわけではなく、各地の地誌や辞典などから考察した机上論です。ですが、『倭名類聚抄』の記載の仕方に〝ハテナ〟と思って考察した結果、それがまさしく「多元史観」に合致して、「地名にみる多元的古代の証明」になったこと、これも嬉しい限りでした。

第二章の「北涯の地の『上・下』」と、補章の「『江差追分』モンゴル源流説の一考察」は、私の生まれ育った故郷の歴史を対象としたものであるということにおいて、これも感慨深いものです。

本当に人生は解らないもので、巻頭で述べました一冊の本（『「邪馬台国」はなかった』）を手にしたことにより、このような次第になったこと、何という縁でしょうか。私にとっての最高の巡り合わせに感謝する次第です。

最後になりましたが、古代史研究に入ってこのかた、古田武彦先生には言い尽くせないほどのご教授ご指導を賜りました。そのうえ本書では「緒言」まで頂戴いたしまして感謝の言葉も見当たりません。

第I部執筆にあたっては、七戸町中央図書館館長（当時）の高井憲夫氏、八戸市南郷歴史民俗資料館館長の松本貴四郎氏、三八地方森林組合の菅野剛史氏、青森県教育庁文化財保護課埋蔵文化財グループの川口潤氏、八戸市市史編纂室室長の古館光治氏、八戸市教育委員会文化課（当時）の佐々木浩一氏ほか教育委員会の皆様、青森県文化財保護協会事務局長の鬼柳恵照氏、むつ市教育委員会生涯学習課文化係の藤井陽子氏、三沢市歴史民族資料館の小松かつ枝氏、気象庁海洋気象情報室調査官（当時）の山際龍太郎氏、大館市郷土博物館館長の板橋範芳氏、東北町教育委員会の皆様、ほか多くの皆様にご協力を賜わりました。

第Ⅱ部執筆にあたっては、筑後市教育委員会文化財担当の上村英士氏、豊前市教育委員会社会教育課の栗焼憲児氏、倉吉市教育委員会文化財課の根鈴智津子氏、朝倉町役場教育課の姫野健太郎氏、甘木市役所文化課の川端正夫氏、上ノ国町教育委員会上ノ国館跡調査整備センター（当時）の松崎水穂氏、同文化財グループの皆様、ほか多くの方々にご協力を賜わりました。

また、「古田史学の会」代表水野孝夫氏・編集長古賀達也氏、「古田史学の会四国」の会長竹田覚氏・副会長阿部誠一氏・幹事の今井久氏・同大政就平氏ほかの会員の皆様、「多元の会」・「東京古田会」・「東海の古代」の皆様にも多大のご支援ご協力を賜りました。

このほか御礼の申し上げたき方々は数多くありますが、なかでもいつも何かとご教示を賜りました私の叔父小倉晴夫氏・従兄合田寅彦氏には衷心より御礼申し上げます。

そして、この書の刊行に際してご尽力賜りました、ミネルヴァ書房編集部の田引勝二氏に深甚の謝辞を申し上げます。

二〇一二年八月七日

合田洋一

卑弥呼――鬼道に事え、見る有る者少なし　古田武彦 著　四六判四四八頁 本体二八〇〇円

中国からみた日本の古代　沈 仁安 著　藤田友治 訳　四六判四三二頁 本体三五〇〇円

漫画・「邪馬台国」はなかった　藤田美代子　古田武彦 解説

「九州年号」の研究　福與 篤 著　古田武彦 解説　A5判一七六頁 本体二二〇〇円

ゼロからの古代史事典　古田史学の会 編　四六判三六〇頁 本体二八〇〇円

　藤田友治　伊ヶ崎淑彦 編著　いき一郎　四六版四五〇頁 本体三八〇〇円

古田武彦・古代史コレクション

「邪馬台国」はなかった　古田武彦 著　四六判四三二頁 本体二八〇〇円

失われた九州王朝　古田武彦 著　四六判五九二頁 本体二八〇〇円

盗まれた神話　古田武彦 著　四六判四七二頁 本体二八〇〇円

よみがえる卑弥呼　古田武彦 著　四六判四六八頁 本体二八〇〇円

真実の東北王朝　古田武彦 著　四六判四〇四頁 本体三二〇〇円

人麿の運命　古田武彦 著　四六判四〇四頁 本体三二〇〇円

古代史の十字路　古田武彦 著　四六判四一〇頁 本体三二〇〇円

ミネルヴァ書房

http://www.minervashobo.co.jp/

《著者紹介》

合田洋一（ごうだ・よういち）

1941年　北海道桧山郡江差町生まれ。
1965年　明治大学文学部史学地理学科日本史学卒業。
現　在　有限会社 栄健 代表取締役。古田史学の会全国世話人，同会・四国事務局長，伊予史談会・風早歴史文化研究会・松前史談会会員。
現住所　愛媛県松山市小坂１丁目６-21。
著　書　『伊予之二名洲考』（風早歴史文化研究会25周年記念出版，2002年）。
『聖徳太子の虚像』（創風社出版，2004年）。
『新説伊予の古代』（創風社出版，2008年）。
論　考　『伊豫史談』『風早』『松前史談』『東予史談』『古田史学論集古代に真実を求めて』（明石書店）などに論稿。
「侏儒国の痕跡を沖の島（宿毛）にみた」（『なかった――真実の歴史学』第六号，ミネルヴァ書房），ほか論文多数。

シリーズ〈古代史の探求〉⑩
地名が解き明かす古代日本
――錯覚された北海道・東北――

2012年10月20日　初版第１刷発行　〈検印省略〉

定価はカバーに
表示しています

著　者　合　田　洋　一
発行者　杉　田　啓　三
印刷者　江　戸　宏　介

発行所　株式会社　ミネルヴァ書房
607-8494 京都市山科区日ノ岡堤谷町１
電話代表（075）581-5191
振替口座 01020-0-8076

共同印刷工業・新生製本

ISBN978-4-623-06483-0
Printed in Japan

人名索引

あ 行

た　行

な　行

は　行

ま　行

や　行

わ　行

地名索引

※「渡嶋」「越度嶋」「津軽」「蝦夷」は頻出するため，また現在の県名，市町村名，平野名，津軽海峡も省略した。

あ　行

か　行

さ　行

た　行

ま　行

や　行

ら　行

わ　行